究極の判断力を身につける

インバスケット思考

株式会社インバスケット研究所
代表取締役 鳥原隆志

in-basket thinking

torihara takashi

WAVE出版

はじめに

「インバスケット」は、１９５０年代にアメリカ空軍で生まれたトレーニングツールで、制限時間内に架空の役職・人物になりきり、多くの未処理案件の処理をおこなうビジネスゲームです。現在、日本では一流と呼ばれる大手企業の多くが、管理職の教育や選抜用のテストとして活用しています。

私がインバスケットに出合ったのは、企業に勤めていたころに受けた管理職試験でした。その当時、インバスケットという試験が、管理者やリーダーになるための登竜門であるということは知っていたのですが、具体的にどのような試験なのか、内容に関してはまったく情報がなく、まさに謎のベールに包まれた昇格試験だったのです。

そして、実際にインバスケット問題をやってみると、今までに出合ったことのない内容に、強烈な衝撃を受けました。

「こんな試験は今まで受けたことがない……！」

試験の制限時間を迎えたときには全身から汗がふき出し、いや、脳からも汗が出ているかのように頭の回転が最高レベルで活性化していたのを記憶しています。

私の会社は、大阪のはずれにある設立数年の小さな会社です。現在、主に法人向けにインバスケット教材の開発と導入のお手伝いをさせていただいています。

法人顧客には、一流と呼ばれる大企業が名を連ね、ときには東京から人事担当の取締役の方が、私どもの小さな事務所にお越しくださいます。今、一流企業の経営幹部や人材開発担当者の方が、それほどまでに注目しているのがインバスケットなのです。

最初に私が取り組んだインバスケット試験は、紳士服チェーンの営業部長の役割の問題でした。顧客からの難クレーム、本社からの指示、部下の相談など、さまざまな案件に取り組みましたが、最初はまったくできませんでした。時間がまったく足りませんでしたし、どのように判断をすれば良いのかわからない案件もありました。

どうすれば短時間で精度の高い案件処理ができるのか？

このように、私のインバスケット研究は自分の昇格試験の試験対策から始まったのですが、次第に実務にも大きな効果が出はじめます。

・時間の余裕ができる

まず、実際の仕事の進め方が大きく変わります。本来やらなければならない仕事とそうでない仕事の区別がつくようになり、業務のあるべき優先順位がつけられるようになるのです。しなくても良い仕事を見つけ出すことで、本来しなければならないクリエイティブな仕事や、リーダーとしての仕事をこなす時間ができました。

・判断スタイルが変わる

判断のスタイルも大きく変化します。インバスケット・トレーニングをおこなうことで、精度の高い案件処理パターンが身につきます。つまり、インバスケット思考が身につくのです。これにより、衝動的な判断スタイルや、苦悩を繰り返し、決断を先延ばしにする判断スタイルが少なくなり、計画的なプロセスを経た、論理的な判断スタイルが身につきます。

・問題解決力が上がる

本質的な問題や全体的な視点から案件処理をおこなえるようになります。多くの表面的な案件処理をおこなうより、ある一つの本質的な問題を解決することで一気に案件が減るということは非常に多いのです。

これらの効果は、新しく何か能力が身について、あらわれたわけではありません。インバスケット・トレーニングをおこなうことで、その人が本来備えもった能力やスキルを引き出しているだけなのです。インバスケットはいわば、あなたの眠っている能力やスキルを発揮する道具《ツール》と言えるのです。

インバスケットとは何か、とよく聞かれますが、一言ではなかなかうまく説明することができません。たとえば野球というスポーツを知らない方に、野球とはどのようなものなのかを伝える難しさに似ています。

インバスケットを知るには、実際にやってみるのが一番です。したがって本書も、インバスケットを体験していただくために、単なる「解説書」ではなく、「問題集」という形式で紹介しています。

ただし、本書に掲載しているインバスケット問題は、楽しみながら取り組んでいただくために、実際に使われているものに比べて、難易度を低くし、便宜上、制限時間をなくしてあります（もし、本書でインバスケットに興味を持ってくださって、もっと他の問題にも取り組みたいと思われたら、巻末に載せたサイトでさまざまなインバスケット問題を紹介していますのでご参考にご覧ください）。

また、案件の中には、難しいものや奥の深いものもあります。どう処理をすれば良いかわからないなどと悩むこともあるでしょう。しかし、悩む必要はまったくありません。私も先ほど書いたとおり、最初はまったくわかりませんでしたから。

本書をお読みいただくにあたって先に申し上げておきたいのは、本書を読んだことだけでインバスケットに習熟し、飛躍的に能力が発揮できるわけではないということです。どのようなトレーニングも同じですが、継続したトレーニングと、それにともなう努力が必要になるからです。

本書は、インバスケットとはどのようなものか体験していただくことを目的としています。そのため、解説に用いる言葉も専門用語などをあまり使っていません。また、実際のインバスケットの解説は内容があまりに広範囲に及ぶため、本書は入門書という位置づけで、基本となる内容にしぼって解説しています。

大事なのは、あなた自身が実際にインバスケットを体験し、あなた自身の力で考えぬくことです。そしてあなたの中にある秘められた能力やスキルを、このインバスケットというステージで限界まで出し切っていただきたいのです。

そうして、本書がきっかけでインバスケット思考を身につけられ、あなたの意思決定や仕事の進め方に大きな変化を与えて、近い将来、〝良い判断方法〟があなたに幸せをもたらすことを願ってやみません。

※なお、インバスケットは「インバスケット・ゲーム」や「インバスケット技法」とも言われていますが、本書ではこれらの呼称を統合して「インバスケット」と記しています。

目次

ブックデザイン　水戸部 功
DTP・図版作成　NOAH
校正　小倉優子

序　章

インバスケット思考とは

インバスケットはシミュレーション・ゲームである

火事場のバカ力を発揮する方法

インバスケットは、架空の役職になりきり、制限時間内に、未知の、未処理の案件を的確に処理するゲームです。現代風にたとえると、メールボックスでまだ開封されていないメールがたくさんあり、それらを一定時間内に見て、返信や対応をするなどの処理をおこなうことと考えるとわかりやすいでしょう。（なお、インバスケットとは、管理者の机の上に置かれている、未処理の案件が入った〝未処理箱〟のことです。）

本当に短時間でそんなに多くの案件を、しかも、精度高く処理できるのか？　と疑問に思う方がいらっしゃるでしょう。もともと才能がある人や、頭が良い人しかできないのではないの？　とも思うことでしょう。

ご安心ください。インバスケット思考には、特殊な技能や能力、まして卓越した記憶力などは必要ありません。また、このインバスケット・トレーニングをおこなって、新しい能力がつくわけでもないのです。なぜなら、このインバスケットで活用する能力は、社会人であれば、誰でも持っているものだからです。いや、学生さんにだってあるかもしれません。

それらの能力を、インバスケットでは、問題発見力や意思決定力などと難しい言葉で呼びますが、これらは実は毎日生活している中でもよく使う能力でもあり、それほど難しく考える必要はありません。

たとえばあなたが〝眠い〟などと今体のどこかに異変を感じる力があればそれは問題発見力ですし、〝そういえば少し夜ふかしをしたかな〟と思えば、それは立派な問題分析力です。

このように、インバスケット・トレーニングで活用する能力は、すでにどのような人にも存在し、インバスケットではすでに持っている能力をどれだけ使えるかがポイントになるのです。

たいていの人は、持っている能力を十分に発揮せずに、日々すごしているものです。いや、発揮する場所がないとも言えるかもしれません。

あなたが今まで全力を出し切って短時間で何かをやった経験を思い出してみてください。非常に達成感があり、心地よい疲労感と脱力感があり、額には汗がふき出していたのではないでしょうか。インバスケットはそのような状態をわざとつくりだし、あなたの能力が発揮できる環境を与えるのです。

すでに持っている力を「潜在能力」と表現することもありますが、私は「火事場のバカ力」と呼んでいます。

たとえば、「60分・20案件」を、もっとゆとりのある時間設定にしたとしましょう。

一つひとつの案件をじっくりと考えることができるのですが、これでは自分自身の実力を出し切ることは難しいでしょう。なぜなら、人は極限の状態でないと、持っている力を発揮できないものだからです。

火事場のバカ力は、火事の現場でしか出ません。火事場でどのくらいの力が出るかを見るには〝火事場〟をつくるしかないのです。そして、その局面になると、自分でも思いもよらないほどの力が出るのです。

それが能力の発揮度ということです。発揮度を高めて、日ごろの業務や判断方法に活かせるようにトレーニングをおこなうことが、インバスケット・トレーニングの真髄なのです。

正解は無数にある

多くの案件や業務を、短時間で精度高く処理するには、大きく次の３つが必要です。

・優先順位をつける
・正しい判断方法や案件処理方法を身につける
・そして能力の発揮度を高める

本書をお読みの方には、今まで素晴らしい功績を残された方や、大企業の経営者の方もいらっしゃるかもしれません。もちろん、これまでの判断スタイルを否定するわけではありません。今お持ちの判断スタイルはそのままで、このゲームをすることで、何か一つでも、

「こんな考え方があるのか」

「そういえば、選択肢を複数は持たずに、すぐに決定していたな」

などと、あなたにとって気づきがあれば、良い判断にまた一歩近づきます。

インバスケットに取り組む人の数ほど、インバスケットには正解があります。

正解を気にせずに、まずはあなたが持っている判断の方法で、これから始まる20の案件に挑戦してみてください。時間を計ることで、あなた自身、驚くほどの能力が発揮され、きっとこの60分が終わったあとには、今までになかったほど頭が冴えており、心地よい疲れがあるはずです。

一方で、できなくて当たり前の問題です。すべてできなかったと悔やんだり、恥ずかしく思ったりすることはまったくありません。そもそも20もの案件を60分で処理するなんて、常識的に考えても困難に決まっています。しかも、一年に一度起きるかどうかというレベルの案件も多くあります。

何度も言いますが、できなくて当然です。そこからスタートなのです。

60分で20案件を処理するには？

時間を創出する「インバスケット」

私たちは一日の仕事でいくつの案件や業務を処理できるでしょうか。ひょっとすると多くの案件を処理しているという達成感があっても、よく振り返ってみると、完全に処理できた仕事はほとんどなかったり、または処理をしたとしても全体に与える影響のほとんどない〝クズ案件〟だったりします。

私も前職は会社員をしており、いわゆる中間管理職でしたので、日々、多くの案件が降りかかってきました。降りかかってきたという表現のとおり、完全に、仕事に対して受け身になっていたのです。まるで、自分の意思とは無関係に小さなコップに水を注がれ、コップからこぼれる水を必死で拭いているような状態です。

とにかく、目の前にある仕事を片づけることで精一杯の日々でした。たとえばメールをチェックする作業だけでも1時間はかかりましたし、そうしている間にもいろんな仕事が降りかかってきます。

特に管理者に降りかかる案件は、前例がなく、問題発見から対策まで、すべてが白紙ベースのこともよくあります。だからこそ、案件処理には時間がかかり、そして目の前にある案件を処理するそばから、新しい案件が次から次へと生まれてきます。これではきりがありません。

もし、今まで手がけていた案件や業務が、もっと短時間で終わるとすれば、多くの空白の時間が生まれるはずです。あなたならどのようにこの時間を有効に使いますか。今まで仕事でやりたくてもできなかったことをおこなったり、新しい企画を考えたり、その可能性は無限に広がります。

するべき仕事を確実にこなすには？

ある日、私は勇気ある実験をおこなってみました。

３日間、メールを処理せずに放置したのです。もちろん、緊急のトラブルなどは電話がかかってきますので、それは処理をします。

すると、たまったメール約３００件のうち、催促や業務上影響があったのは、たった３件でした。つまり多くのメールは、発信した本人も覚えていないようなたいしたことのない案件だったのです。

処理をしなくても影響がほとんどなかった２９７件の仕事とはいったいなんなのか？　私の

頭に、あるもやもやとしたものが残りました。自分はあまり影響のない仕事を日々数多くこなして、仕事をやったつもりになっていたのではないかと考えるようになったのです。

また、簡単にできる仕事を先に選んで、数をこなすことで、仕事の「やった感」を自分の達成感にしていたことも事実です。しかし、これらはつまりコップに落ちてくる水のようにだんだんと水位を増し、確実に自分の仕事ができるキャパシティ＝本来するべき仕事を入れる余地をなくしているのです。

本来するべき仕事をしないままでいると、それはアメーバのように分裂し、案件を増殖させます。

たとえば歯が痛いのを放置しておくと、さらに痛くなるだけではなく、肩コリや食欲不振、口臭の悪化などの〝案件〟を増やします。そうなった段階で、肩コリをほぐしたり、ドリンク剤を飲んだり、ミント入りの飴などをなめて症状を緩和しても、本質的な解決になりません。またそれらをさらに放置すると、我慢できない痛みになったり、ときには歯を抜くなどの重大な損失につながったりするのです。

そうはわかっていても、

「いつかやろう」

「今は忙しいからできない」

と、先送りしてしまうことが多いのも事実ですが、それらの案件が、本来しなければならない案件であれば、解決しない限り、コップに落ちてくる水滴を止めることはできないのです。

その解決方法が、優先順位をつけることです。どの案件から先に処理をおこなうべきか、正しい基準で優先順位をつけることで、本来しなくてはならない仕事を確実に処理できます。その時点から、あなたは短時間で多くの仕事をこなせるようになり、またそれにともなって今後発生する案件も減少するのです。

このことは、パレートの法則からも説明ができます。

パレートの法則とは、全体の大部分を一部の要素がつくりだしていると言われる法則です。仕事も、すべてが重要に見えても、本当に重要な仕事は全体の2割であり、その2割を確実に処理することで、全体の8割の成果を生み出すと言えるのです。

逆に言うと、重要でない8割の仕事をすべて処理したとしても、重要度からすると全体に占める2割ほどの仕事しかしたことにならないわけです。

毎日業務に追われ、気がつくと一日が終わっていたとしても、それは重要でない8割の仕事を処理していただけかもしれません。逆パレートの法則にならないためにも、インバスケット・トレーニングで正しい優先順位の考え方を身につけることにより、60分で20案件でも処理できるようになるのです。

ここまでで、「なるほど、とにかく多くの案件に優先度をつけて処理すれば良いのか」と、とらえられるかもしれませんが、インバスケットは、ただ数量的な案件処理だけを求めるわけではありません。当然、案件処理の「質」も求めます。

案件処理の質とは、より良い判断をおこなうための方法をとっていて、そしてその判断にもとづき的確な行動をとっていると言える案件処理のことを言います。

案件処理の質を高める

インバスケットでは、意思決定に至るまでの過程や論理性、仕事の優先順位のつけ方などの、良い結果を生み出すためのプロセスを観察し、評価します。

良い判断とは、良いプロセスによってつくられます。思いつきで判断したり、むやみに複雑に考えたりする判断は、良い判断ではありません。決められたプロセスを通って、論理的に判断するのが良い判断です。

プロセスとは、判断に至るまでの行動を言います。

たとえば、ある人が就職先を探しているとします。すると、求人広告に高額の待遇の仕事があるではありませんか。その人はすぐに面接の申し込みをおこない、その会社に就職しました。

この判断は良い判断でしょうか。

その答えは私にもわかりません。結果が良いか悪いかは、その人が良いと思えば良くなりますし、悪いと思えば悪くなるものだからです。

しかし、判断に至るまでのプロセスという観点からは、決して良い判断とは言えません。なぜなら、高額の待遇の仕事がある、という事象からそのまま判断に至っているからです。

本来は、問題点を発見し、そして分析をおこない、仮説を立て、情報収集し、そして選択肢を複数考え、比較し合理的に判断するべきなのですが、この例にはそのようなプロセスをたどった形跡がまったくありません。

一方で、また別のある人は、求人広告を見て関心を持ち、さまざまな情報を収集し、複数の企業と比較して応募し、就職しました。

最終的にこの二人の結果は一緒ですが、そこへ至る過程は大きく異なります。

後者は前者に比べて、判断するまでに、情報収集や比較検討などのプロセスを踏んでいます。当然後者の判断スタイルが評価されるべきなのです。

インバスケットでは、案件処理の結果を評価するのではなく、判断に至るプロセスを重視します。

「いや、私の判断方法はつねに正しい」

多くの方はそう思うのですが、インバスケット・トレーニングで自分自身の回答をチェックすると、プロセスのヌケやモレがやたらと多いことに驚くでしょう。

インバスケットは、判断プロセスを使って、繰り返しトレーニングすることで、〝良い判断〟を〝早く〟することを目標としています。

インバスケットとよく混同して使われる言葉として、「ケーススタディ」があります。しかし、両者はまったく性質が異なります。

ケーススタディとは、ある一つの事例を取り上げて、理論や技法にもとづいてどのように解決すべきかを考える手法です。

それに対してインバスケットは、多くの案件が関連した一つのストーリーを形成し、それらを総合的な視点で解決するまでの「過程」を観察し、評価する手法です。

つまり、ケーススタディが一つの事例自体に焦点をあてているのに対して、インバスケットは、案件を処理する人の一連の姿勢や行動スタイルに焦点をあてています。

また、インバスケットに登場する案件の多くには、ケーススタディのような、正解と言われるものが存在しないのも特徴です。これはたとえば、先の例にもあったように、ある人がある企業に就職したとして、その意思決定が正しかったのかどうかは、その人が満足していれば正しかったでしょうし、不満足であれば誤っていたと言え、これは本人の価値観次第で、万人に共通した正解ではないのと同じです。

人の行動にはパターンがある

インバスケットでは、数多くの案件を短時間で処理しなければならないので、どのように案件を処理していくかという行動を観察するだけでも、その人の仕事のスタイルが評価できます。

とにかくがむしゃらに順番どおり案件処理を進める人、注意深く資料の隅から隅まで目を通す人、表面的に処理をおこない、時間をあまらせている人などがいて、この姿勢は回答から観察することができます。最初は丁寧な処理をおこなっていたけれど途中で時間がなくなり、後半の重要案件を処理できなかった、などからも、普段の仕事の進め方が見てとれるのです。

インバスケットでとられた意思決定スタイルや行動スタイルは、インバスケットでだけあらわれたものではなく、その人の実際の仕事のスタイルの縮図です。私は「行動の反復性」と呼んでいますが、人の行動にはあるパターンがあります。これは意思決定や人の使い方、仕事の進め方にもパターンがあり、インバスケットで使われたパターンは実際の仕事で使われているパターンと同じであると言え、インバスケットはその人のいつもとっている行動を映し出す鏡と言えるのです。

インバスケット・トレーニングに近道はない

本書をお読みの方の中には、ご自身の昇進昇格試験対策としてご覧になっている方も多いでしょう。もし、インバスケットのスコアを上げたいのであれば、ご自身の意思決定スタイルや能力の発揮度をご自分で確認し、足りないと考えた部分を地道にトレーニングしていくべきです。

たとえば本書をお読みになるだけでは、ほとんどスコアには影響しないかもしれません。なぜなら、インバスケットでは表面的な知識ではなく、あなたの内面を深く観察するからです。

インバスケットには、一般の筆記試験のように、短期間に成績が上がるトレーニング方法は存在しません。そのような方法を探す時間と労力があるのであれば、もっと自分自身の実力（火事場のバカ力）を信じて、それらの能力を本番の試験で十分出し切れるように、数多くのインバスケット問題に取り組んでトレーニングするべきです。

また、インバスケットを用いて、部下の教育やご自身のスキルアップに使いたいと思われる方も、本書を一般の書籍と同様にただ読みとおすのではなく、実際にゲームに参加して体験していただければ、ご自身が何か得ることがあるかもしれません。その経験を、本書を読んだ証にしていただければ幸いです。

……さあ、準備はよろしいですか？
説明はこのくらいにして、実際にゲームを始めましょう。
未知の体験があなたを待っているはずです。
深呼吸をしてから、ページをめくってください。

インバスケット・トレーニングのルール

ゲームを楽しむにはルールがあります。
インバスケット・トレーニングのルールをご説明します。

1．主人公になりきる

性別や年齢などの設定に実際との差があっても、あなた自身が主人公になりきって、起きるすべての案件を処理しなければなりません。客観的に観察、あるいは他人事のようにとらえてはいけません。また、あなたが今現在勤めている会社のやり方やルールは、頭から消しましょう。ゼロベースで主人公の立場になり、案件処理をおこなわなければなりません。

2．時間を意識する

本書の問題は、60分間で20案件処理する設定となっています。つまり、一つの案件には3分程度の時間しか、かけることができません。しかし、たとえばあまり重要でない案件は1分ほどで早く処理し、重要な案件には5分かけるなどの時間コントロールは許されます。つまり、

60分の中であなたなりに案件に優先順位をつけて処理をおこなうことができるのです。

3．自分自身の実力で考える

案件ごとに、主人公の考え方やアドバイス、解説がついていますが、まずはあなた自身ならどのように判断し、どう行動をとるのかを書いてみてください。その上で、選択肢から一番近いものを選びましょう。アドバイスや解説を先に読んでも、あなたにとってあまり良い効果がありません。

4．絶対的な正解がないことを理解する

先に書いたように、インバスケットには絶対的な正解が存在しません。選択肢や解説にも、絶対的な正解はありません。インバスケットでは案件処理をする人間の数だけ、回答が存在します。大事なのはあなた自身の判断や行動を、解説などと比較して、どの点で違うのかを理解することです。そして気づいた点であなたが良いと感じた部分を修正し、あなた自身の案件処理方法、インバスケット法を身につけることなのです。

※なお、楽しみながらインバスケットを体験していただくために、本書に掲載している内容は、企業などで実際に活用されているインバスケット問題に、ストーリー性などを加えています。

回答の書き方について

インバスケットでは、その案件に対してどのような判断と行動をとったのかを自由に記入する、「自由記述式」が主流として採用されています。また、あらかじめ選択肢が用意された「選択式」も一部で使われています。

本書では、まず自由記述式で回答を考えていただき、そのあとにご自分の回答と一番近い選択肢を選んでいただく形で進めていきたいと思います。

自由記述式ではその名のとおり、回答用紙として白紙を渡され、そこに自由に回答を書いていきます。自由であるがゆえに、最初はどのように回答を書けばよいのか迷われる方が多いので、最初に説明いたします。

回答の書き方のポイント

・他人から見て、わかりやすく書く。
・考えや自説ではなく、実際にあなたが主人公になったとして、どのような判断や行動をとったのかがわかるように書く。
・判断の根拠や、判断に使用した関連資料や案件を書くとなお良い。

回答の書き方一例

案件例

□□営業課長殿（あなた）
○○工場でライントラブルが発生し、納期が遅れると連絡がありました。
取引先のA社からは納期は守るように言われています。
どのように対処すれば良いでしょうか？

営業課　田中

回答例1

田中さんへ
お疲れ様です。報告ありがとう。
この件ですが、至急○○工場に連絡をとり、どのくらい納期が遅れるのか確認をとり、他の工場や倉庫にもあたり、在庫を確保してください。取引先A社には、納期を確認し、どうしても納期が遅れるのであれば、お詫びと、たとえば分割で納品することはできないかなどの打診をおこなってください。（資料○○より、B工場に在庫があるのでは？）

○○部長へ
取り急ぎ速報として上記をご報告いたします。

回答例2

田中さんへ
以下の事項、実施願います。
・○○工場へ、トラブルの内容詳細と正確な納期の遅れの確認実施
・他の工場や倉庫への在庫確認（資料○○にてB工場に在庫あり）
・その他調達手段の検討
その上で調達が難しいのであれば
・A社にお詫びと分割納品などの提案
を実施してください。
○○部長殿
上記報告いたします。

このようにさまざまな書き方があり、決まった回答方式はありません。

ただ、先の〝回答の書き方のポイント〟でも記したとおり、相手にわかりやすく伝えることが大事です。そのためには判断や行動が明確でなければなりません。

ちなみにあまり良くない回答例を一つご紹介します。

回答例3

> 田中さんへ
>
> この件は工場のライントラブルの大きさにより対応が変わると思う。もちろん工場のトラブルであり、どうしようもないことかもしれないが、それなりの対応が必要だろう。

この回答では、田中さんが実際にどのような行動をとれば良いのかわからないでしょう。つまり、相手が返事を受け取って、何をどのようにすればよいのかが明確にわからなければならないのです。

また、あまり丁寧さにこだわると、60分という時間内で、すべての案件の処理ができなくなります。したがって、要点をしぼって回答を書くことが必要です。

あなたがおかれている環境

勤務先について

・あなたにはこれから、「多摩洋菓子株式会社」の「東京中央店店長」の役職を演じていただきます。
・多摩洋菓子株式会社は、関東地方と近畿地方を中心とした洋菓子の製造、販売をおこなっている企業です。
・現在、46店舗を展開する、年商45億円の業界中堅クラスの企業です。
・しかし、昨今の不況による外食需要の減少と、少子化などの影響から経営不振となり、経営陣が大幅に入れ替わりました。
・現在、新経営陣による抜本的な営業改革が進行中です。

あなた自身について

・あなたの名前は「青山　みあ」23歳です。

・現在、三ツ谷《みつや》店の洋菓子部門チーフを務めています。
・高校時代からの6年間のアルバイト勤務を経て、昨年、多摩洋菓子株式会社に入社しました。以来、三ツ谷店で商品管理や発注、接客技術などを習得し、今年の4月から三ツ谷店の洋菓子部門のチーフを任されるようになりました。
・持ち前の明るさと責任感とチャレンジ精神で、不振だった三ツ谷店の洋菓子部門の業績を立て直し、多摩洋菓子チェーンの中で第1四半期（3月から6月）は昨年対比伸び率135％と、全店舗の中でトップの成績をおさめました。
・その功績から社長賞を受賞し、副賞として明日から6日間のベルギーの菓子業界視察研修に参加することになっています。

それでは今からストーリーに入っていきます。
あなたは主人公「青山みあ」になりきってください。
（まだ時間を計る必要はありません。）

プロローグ

「はじめまして、店長の青山みあです」

12月14日、青山みあは勤務先の「ケーキのたま」三ツ谷《みつや》店に小走りで向かっていた。三ツ谷店は、多摩洋菓子には珍しく、駅密接店舗ではなく郊外型の店舗である。最寄りの三ツ谷駅を降りて商店街を抜け、この地域のシンボルとなっている大きな三ツ谷池にまわりこんだ住宅街の一角にある。駅から約10分。店の駐車場には車を20台ほど止めることができるが、今日は遅《おそ》番《ばん》での出勤なので、すでに10台ほど車が止まっている。みあは、従業員通用口から店舗に入った。

華やかな売場と違い、従業員の控室はあまり広くない。おまけにケーキを入れる箱の在庫や、本部から送られてきたが使われなかったパネルなどの販促品がところ狭しと置かれている。ちなみにみあのロッカーの上には、秋に使っていたもみじの飾りが積まれていた。

店に着くと、みあはすぐに着替えを始めた。紺色の制服に純白のエプロンをキュッと結び、白い頭巾で髪の毛を隠し、金色のネームプレートをつける。これが多摩洋菓子店の販売員の正装である。

売場に出る前には必ず手洗いをする。この手洗いも厳重で、必ず爪ブラシですべての指の爪の間までくまなく洗うことが規則で決められており、かつ消毒用のアルコールを両手に噴射し、数秒間、完全に乾くまでこすり合わせなければならない。

みあはこの手洗いのときに少し顔を歪めることがある。少しでも切り傷があればかなりしみるためだ。もちろん切り傷があれば、場合によっては仕事ができないときもある。切り傷に細菌などが発生していれば、食中毒の原因にもなりかねないからだ。生ものの洋菓子を扱うのだから、そのくらいの管理は当然だとみあは新入社員教育で教えられた。

みあは、このお店の洋菓子部門のチーフをしている。三ツ谷店は進物部門と洋菓子部門の２部門にわかれている。多摩洋菓子の多くの店が同じ形態をとっており、洋菓子は生もののケーキなどを扱い、進物部門はパンケーキやクッキーなどの贈答品を主に扱う。

売場はすでに混みあっており、洋菓子部門の二人がショーケース越しに接客をおこない、進物部門の従業員も応援してくれている。お客様のためなら、部門に関係なく自発的に応援する。みあはこのお店のチームワークが大好きだ。これは三ツ谷店の店長である田所の人柄のおかげかもしれない。

みあはすぐに接客に入ろうとしたが、早番《はやばん》で入っている洋菓子部門の錦織《にしきおり》が目配せで「大丈夫」とサインを送ったので、チーフの仕事である売場と在庫のチェックを開始した。洋菓子部門の商品のほとんどが、当日入荷の当日売り切り商品となっている。つまり、仕入れた分は当日しか販売できないのだ。残れば廃棄だし、なくなれば品切れとなり、お客様に迷惑がかかる。この発注作業は担当者がおこなうのだが、午後３時に最終オーダーの修正があり、その判断はチーフであるみあがおこなう。たとえば天気が悪くなれば客足が鈍くなるし、近くの学校で入学式や運動会があれば通常よりよく売れる。このようなその時々の状況などを考えて、最終修正をかけるのだ。この修正が次の日の朝の入荷になる。

ただし、予約商品やセール品などの商品は事前にオーダーをあげる。そうしないと多摩にある工場での生産が間に合わないからだ。つまり、この修正の作業は非常に重要な作業なのだ。

また午後２時に、今並んでいる在庫のチェックもおこなう。この時点であまりにも売れすぎて在庫が残り少なければ、ピークである夕方に品切れという事態にもなりかねない。その際は、本部に連絡し、他店の商品をＳＶ（スーパーバイザー）と呼ばれる売場指導員に依頼し、振り替えてもらうこともある。

「今日は大丈夫そうね。……あれ？」

ショーケースの中のケーキの陳列に、少し気になるところがあった。４段あるショーケースの最上段の真ん中がスポッと抜けているのだ。それと、もう一つ、３段目のチョコケーキのコーナーのカラーコントロールが気になった。カラーコントロールとは、色の基調を考えて陳列する手法のことである。チョコやココアを使った黒系の色のケーキが固まると、一角だけ暗くなるのだ。ショーケースはお客様にケーキを一つひとつ見せるだけではなく、お店全体の雰囲気や商品の豊富さのアピール、そして楽しさを誘うものだと教わった。しかし、毎日入荷する商品の種類や量は変わるので、陳列作業は早番の人間のセンスにかかっている。この陳列方法について、みあは来週、洋菓子部門で勉強会を開くことを店長に提案していた。

お客さんが途切れたのを確認し、みあは先ほど目配せしてサインをくれた錦織をショーケースの外に呼び、陳列のアドバイスをした。錦織はすぐに陳列の修正作業に入った。

「さてと、チェックも終わったから店長に報告しないと……あれ？　錦織さん、店長見た？」

「先ほどから事務所で電話されています。なんか深刻そうですよ」

深刻……今の多摩洋菓子にこれほどぴったりあてはまる言葉は見つからないとみあは考えていた。弱冠23歳ではあるが、高校・大学とアルバイトを通じて商売センスを身につけてきたみあからしても、多摩洋菓子がおかれている状況が深刻であるのはわかっていた。

多摩洋菓子の歴史は古く、海外来賓のお土産や有名人のウエディングケーキ受注など、この業界では老舗にあたり、知名度も高い。つい最近までテレビＣＭや、新聞社主催のマラソン大会の協賛などもおこなっており、みあも小学生のころ、やさしいイメージの「ケーキのたま」のＣＭが大好きだった。店舗網も急速に広がり、東京都内の主要な駅には、必ずケーキのたまの店があると言われたほどだった。

しかし創業者の西野圭吾《にしのけいご》が病で床に伏せてから、当時の副社長の楠木徹《くすのきとおる》が経営を引き継いだ。楠木は西野のカリスマ性を引き継ぐべく、指導力を発揮しようとしたが、製造部門と販売部門で派閥ができてしまい、社内の不協和音が販売戦略にも影響した。

外食デフレの中、楠木は、今までの価格が高いイメージを払拭《ふっしょく》すべく、一斉値下げを断行した。その結果、初年度はなんとか売上をクリアできたものの、今までのブランドイメージが崩れ、翌年以降は客単価が大幅に下落し、利益率も激減した。加えて砂糖などの原料コストの上昇、少子化などによる市場縮小、さらに、最盛期に各地に設置した製造工場の投資コストや、海外投資の失敗も重なり、数年前から新聞などに経営危機の文字が並びだした。

そして半年前に、銀行から経営陣が送り込まれ、社長には新しく大蔵俊夫《おおくらとしお》が就任して、経営の立て直しをおこなっている。

この経営の立て直しでは、第１弾として大幅な店舗の閉鎖や本社人員の削減がおこなわれた。その結果、多くの現職の店長が降職になったり、希望退職の募集がおこなわれた。

しかし、客離れはそれらの削減効果を大幅に上回り、第１四半期も大幅な赤字を計上する結果になってしまったのである。

昨日の経済新聞には、大きく多摩洋菓子の経営危機の見出しが並んでいた。……そこに、いつも明るい店長の田所《たどころ》が、本社からの電話に深刻そうな様子となれば、そうは思いたくなくても悪い想像をしてしまう。

「うちって中途半端なのよ。価格も高くもなく安くもないし、たしかに味と品質はいいんだけど、古風なイメージだし……。だいたい今どき、〝ケーキのたま〟って名前から変えないとダメね」と、進物部門のチーフである中野ゆきは、ばっさりと切り捨てていた。

みあは「そんなことはないわよ。私は〝ケーキのたま〟って好きよ。子どものころから食べている安心感があるしね」と反論したものの、中野の言っていることが今のお客様の心情をよく反映していると感じた。

近くの商店街では、多摩洋菓子で販売しているのとそっくりなケーキが１００円で売られているし、今日みあが通ってきた駅前では、まるで宝石のようなイメージの高級ケーキが売られている。しかも店内製造で、売れる様子をその場で把握しながら作るので、いつ見ても品切れが少ない。それに引き換え多摩洋菓子は、工場で生産したケーキを１日１回配送の仕組みでおこなうため、そのような小回りがきかない。

ケーキのたまというブランドは、たしかに知名度はある。しかし、そのブランドのイメージは、今の顧客層である若い女性などにとっては、〝子どものころの味〟や〝なつかしい〟というものであり、この点も有利とは言えない。しかし、社内ではこのブランドへのこだわりを持つ社員が多く、ブランドイメージの刷新も何度か検討されたようだが、結局見送られた。前社長も現社長に引き継ぐ際に、従業員とケーキのたまのブランドだけは残してくれと哀願したという噂もあった。それほど、このブランドにこだわりがあるのだ。

田所の電話が長引きそうなのを察知して、冷蔵庫のチェックをしようとしていると、田所がうわずった声でみあを呼んだ。いつもの冷静な店長の田所の声ではない。明らかに動揺した声である。みあは少しイヤな予感がした。

田所は唇をかみしめながら、みあを自分の横のイスに座らせ、単刀直入に切り出した。

「実は今、本社の人事部から、青山さんの人事異動について電話があった。ついては社長から直接辞令を渡すので今から本社に行ってほしい」

（人事異動って、転勤のこと？）

みあは一瞬頭が真っ白になった。

「私、このお店を出なければならないのですか」

とっさに出た言葉だった。どこに配置転換になるかということより、8年間仕事をして来たこの店と仲間から離れるつらさが先に押し寄せたのである。その思いは、無意識にみあの大きな瞳から涙を押し出していた。

田所はそれを見て、いつもの陽気さを取り戻しこう言った。

「青山さん、大丈夫だよ。お店がかわっても全面的にサポートするし、たまにみんなを連れてちゃんと仕事をしているか見にいくよ」

みあが涙をおさえながら、小さくうなずくのを確認してから田所は、

「さあ、あとのことは僕がやるから……。社長を待たせると僕のクビがかかるから、すぐに本社に行って来てよ。どうしても詳細は社長から直接伝えたいらしいから」

笑いながら、みあを立たせた。

ついさっき通った池のほとりを、今度は小走りで駅に向かう。たいてい遅番で勤務するみあにとって、明るい時間にこの道を駅に向かうことは稀なのに加え、先ほどの、まさに青天の霹《へき》靂《れき》と言える人事異動の話を聞いて、非現実的な世界にいるような気がしていた。カラフルなスポーツウエア姿でジョギングをする人々とすれ違いながら、みあは頭の中で、自分に起こった出来事を整理しようとした。

しかし、余計に疑問や葛藤が膨れ上がってくる。

たとえば、

「なぜ、社長が直接辞令を言い渡すのか？　しかもお店のチーフレベルの人事で……」

「なぜ、クリスマス前のこの大事な時期での人事異動なのか」

「なぜ、明日からの約1週間の海外研修直前の発令なのか」

など、普通では考えられないことばかりである。

考えれば考えるほど疑問点が湧きでてくるのだが、みあの出した結論はこうだった――とに

かく本社に行けばわかるはず。

駅に着くころには、みあはいつもの機敏さとバイタリティを取り戻し、三ツ谷駅を行きかう人の波を押しのけるように改札を通った。

多摩洋菓子の本社は、東京郊外のベッドタウンにある。電車を乗り継いでようやく着いた駅の東口には、大きなショッピングセンターやホテルが並んでおり、この時期はクリスマスムード一色で飾られている。多摩洋菓子の本社はそれと反対側の西口にある。昔なつかしい駅前という呼び方が一番ふさわしい、昔ながらの喫茶店や和菓子屋、そして商店街など、東口とはまったく異なる雰囲気の中をみあは、商店街のアーケードの横にあるヒョロッとした7階建ての多摩洋菓子の本社ビルに向かった。

1階はケーキのたま本店が入居し、本社はそれより上階である。

「さすが本店、きれいにディスプレイを飾っているわ」

みあは、ガラス越しに見えるクリスマスのディスプレイを観察しながら、本社の受付に向かい、無人の受付で人事部に内線電話をかけた。

そうして7階の会議室に案内された。みあがこの部屋に来たのは5年ぶりである。5年前にアイデア商品コンクールの入賞者の昼食会でこの部屋を訪れたのだ。窓の外には遠くに都心が見える。

（お店のみんな、今ごろがんばっているかな？）

みあには三ツ谷店が故郷のようになつかしく感じられた。

人事部の女性社員が入って来て、お茶の用意をしながら、社長の会議が長引いていることをみあに告げた。すぐに社長があらわれないことを知ったみあの緊張は、少しだけゆるんだ。


どのくらいの時間が経っただろうか。いつのまにかとっぷりと日が暮れていた。

（急いで飛んできたのに、いつまで待てばいいの？）

とっくに空になった湯飲み茶わんを前に、みあが大きく伸びをしかけたとき、ドアの外から、話し声とともに革靴の音が近づいてきた。そして、会議室のドアが勢いよく開き、社長の大蔵と人事部長や数人の幹部が入ってきた。

大蔵は少し浅黒で、しまりのよい体つきに紺のスーツを身につけた紳士風のイメージであった。入室してすぐにみあと目が合い、少しほほえんだように見えたが、ギョロッとした目つきは笑っているのかわからない。

あわててみあが立ちあがってお辞儀をすると、白髪のメガネをかけたグレーのスーツの男性がこう切り出した。

「待たせましたね、青山さん。急に呼び出して悪かったですね。人事部長の平田です。店長から聞いているかもしれませんが、あなたの人事異動の件で直接社長からお話をさせていただきたく、お越しいただきました。では社長……」

「青山君、あなたを東京中央店の店長に任命します。急で申し訳ないがすぐに着任してほしい」

大蔵の目力のある目がきらりと光ったような気がした。

「受けてくれるかな？」

みあは、またもや頭が真っ白になった。

なぜならば、勤務歴こそ長いものの、社員としては2年目であり、まだ副店長も経験していない。しかも東京中央店は、多摩洋菓子店でもトップクラスの売上店である。自分が店長として通用するわけがない。

「東京中央店の店長と聞こえましたが……」

みあがかろうじて答えると、大蔵はちからのある目を少し細め、横に座っている別の幹部と少し顔を見合わせた。そして人事部長が大蔵に一枚の紙を手渡し、大蔵は机越しにその紙をみあに差し出した。

人事異動発令通知書

青山　みあ殿

貴殿を東京中央店店長に任命する。

201X年12月14日

多摩洋菓子株式会社

代表取締役　大蔵俊夫

「うわっ。ありえないっ！　こんなの私、困ります。まだチーフですし、できっこありません」

みあの口からとっさに言葉が出た。

大蔵は微動だにせずに、いつのまにか運ばれてきていたコーヒーを一口すすった。

「青山君、今から君が店長をやってもらうことになった経緯を説明するのでよく聞いてほしい。いいね」

みあは辞令を握りしめた手をゆるめ、急いでメモを取り出して、大蔵の話を聞く準備をした。

大蔵はみあが座って聞ける体勢になったのを見て、ゆっくりと話し出した。

「驚くのは当然だと思う。私にとっても、ある意味大きな決断だったからね。わが社が経営危機にあるのは君も知っていると思う。その中でなんとか活路を見いだすために営業改革を進めている最中だ。今回の君の異動は、わが社の従来の考え方を変える大きな決断だ。

わが社の顧客は、君と同世代の若い女性だ。しかし現在、商品部、営業部ともに、顧客層とかけ離れた中高年齢層の男性社員が中核を担っていることに、私は問題を感じている。今の多摩洋菓子には顧客の視点を持った店長がほとんどいない。そこで青山君には、顧客と同じ視点から、新しい多摩洋菓子チェーンの店舗モデルをつくってほしい。

君にマネジメント経験が少ないのは知っている。それは、われわれが全力でサポートするから心配はしなくていい。しかし、辞令を受け取った以上は、入社2年目の社員としてではなく、大型店の店長として、自覚を持って職務にあたってほしい。期待しているのでよろしく頼む」

みあは結局ほとんど書けなかったメモを机の上に置き、にゅっと差し出された大蔵の手をつかんで握手をした。より一層近づいた大蔵の大きな目の力に圧倒されるように、みあは、

「が、がんばります」

と、声にならない声を発した。

(何言ってるの私、できっこないじゃん……)

頭の中の思いと行動がまるで別人のように交錯していた。

大蔵はみあを見て、今度は本当にほほえみながら席を立ったが、すぐ振り向いて、

「あ、言い忘れた。明日からの海外研修は、君のためにも必ず参加するように。帰国したらお

店にもお邪魔するよ」

と告げた。

みあはとっさに「わかりました。お待ちしております」と返事をしたが、頭の中では、

（海外研修に行ってすぐに着任？　そんなのありえない！）

と、またもや行動とは正反対の思いが頭に浮かんでいた。

大蔵以下幹部数名が会議室を退出し、営業部長が一人残った。

（この人、たしか以前、前社長が三ツ谷店に来たときに一緒にいた人……）

しかし、営業部長の前山はどうやら記憶になかったらしく、

「営業部長の前山です。どうぞよろしく。詳細は今社長から聞かれたとおりで、異例の人事で驚いているとは思うが、辞令が出た以上、しっかり頼みたい。さっそくだが、今から東京中央店に向かい、前任の奥西店長の不在期間に、未処理になっている業務を処理してほしい。奥西店長は12月5日に退職され、現在は副店長が代行として店を運営している。悪いが今から行って、できるだけ案件処理をしてから、明日の海外研修に参加してもらいたい」

「あの……」

「ん？」

「海外研修はキャンセルできないのでしょうか。お店がどんな状態かもわかりませんし、帰国

後、はじめてのお店で、すぐにクリスマス商戦では……私、困ります」

「気持ちはわからないでもないが、社長も参加するようにおっしゃっていたし、君も了承したじゃないか。今回の研修は、店長研修としての位置づけもあるので、現地に行ってマネジメントを学んできたまえ。東京中央店には、元店長のベテラン副店長もいるから、心配ない。SV（売場指導員）にも至急東京中央店に行くように言ってあるので、彼とも一緒に状況を把握するといいだろう。SVの甲斐《かい》君は三ツ谷店の担当でもあるから、面識はあるはずだね。さあ、行きたまえ」

有無を言わせない態度で一刀両断に言われ、どうやら迷っている暇もなさそうだった。

辞令とメモをカバンに入れ、まだ十分に現状を受け入れることができない気持ちと一緒に、みあは本社7階のエレベーターに乗り込んだ。


私が店長……。

みあは、東京中央店に向かう電車の中で、もう一度「なぜこの仕事をしているのか」を自分に問いかけた。


みあがケーキ屋さんに興味を持ったのは、小学校のころだった。両親に連れて行かれたケーキ屋さん。そのころは背が低いため一番下段しか見られず、父親に抱きかかえてもらってケーキを選んだ。ショーケースは色とりどりのケーキが並べられ、まるでお花畑のように思えた。ケーキのたまはみあにとって、誕生日やクリスマスなど、幸せなイベントの日に行く小さな遊園地のようなものだった。

「ケーキ屋さんになる」とみあは当時の作文でも書いていたようだ。

そして、高校生になり、はじめてのアルバイト先として勤めたのが、現在も勤務しているケーキのたま三ツ谷店である。

はじめて憧れの制服に袖を通し、ドキドキしながらショーケースの前に立ったときのことを今でも覚えている。はじめて受けた注文が、みあの好きなイチゴショートケーキだった。

ショーケースの外側から、内側に入るとまた違う光景が広がる。ショーケース越しに見えるお客様のケーキを選ぶ顔はみんな天使のように穏やかで、子どものようなキラキラした目をしている。みあは、単にケーキという食べ物を売っているのではなく、「幸せ」を渡しているのだ、そんな意識を持って仕事にのぞみ、その感覚に自分の幸せを重ね合わせていた。だから、どんなにつらいときも、恋人と別れた日も、ショーケースの前に立っているとそんなことは忘れて、幸せな気分になれたのである。

いつか自分のお店を持って、いろんなケーキを多くの人に食べてもらいたい、そんな願望も、みあはたしかに持っていた。

（だからって急に店長なんて……）

車窓を流れる、すでに暗くなった街並みをながめながら、みあは頭の中でつぶやいた。

もうすぐ8時か……。

携帯の時計を確認すると、ぶら下がっている猫のストラップがチャラチャラと音をたてた。ケーキのたまのキャラクターの猫だった。この猫の首についている鈴は、多摩洋菓子のシンボルマークである王冠の形をしている。その王冠をみあは見つめた。

小学生のころに、よく両親が買ってきてくれた多摩洋菓子のケーキ。ケーキを入れた箱の封が、この王冠マークのシールだった。食べ終わるとシールをきれいにはがし、ランドセルの裏側に貼っていたことを思い出した。みあにとっては王冠シールは幸せのシールだった。

その王冠マークが、消えそうになっている。今日の社長の目はそう語っていたように見えた。

……ひょっとしたら私が救えるかもしれない。どうせやるなら真剣にやってみたい。できないと思うからできないのよ。お客様に喜んでもらえるお店をつくるのは、なにもおじさんたちだけじゃないはずだわ、私にもきっとできる

東京中央駅に着くころには、みあは本社を出たばかりのみあとは変わっていた。

東京中央店は、東京近郊の４路線が乗り入れ、一日の乗降客が約１５０万人という巨大ター

ミナル駅の中に出店している、いわゆる「エキナカ」の店舗である。東京中央店に到着したのは午後9時少し前だった。すでに店舗は営業を終了しており、施設の裏口から店舗に入った。従業員も全員退社しており、SVの甲斐の姿も見当たらない。

さすが売上トップクラスの大型店だけあって、売場面積はいまみあが勤める三ツ谷店の2倍はありそうだ。ただ、照明を落とされた店内ではあるが、いたるところで売場の乱れが目立っているのがみあには少し気になった。施設の警備員に、午後10時には機械点検が入るので、それまでに店舗を出てほしいと念押しされ、すぐに事務所に入った。

事務所には、店長用の事務机があり、ノートパソコンと、従業員同士の情報伝達に使う連絡ノート、メモや書類、手紙らしきものなどが置かれている。みあはノートパソコンの電源を入れ、デスクの上をざっと整理し、メーラーを立ち上げた。

そして、さまざまな案件がみあを出迎えた。

みあは、目にとまったものを順序などおかまいなしに、手当たり次第に確認していった……。

もう一度確認します。

・現在の日時は201X年12月14日（金）午後9時です。
・この部屋を午後10時には退出しなければなりません。つまり、60分の間に案件を処理しなければなりません。
・また、あなたは、以前から決まっていた研修に参加するため、12月15日（土）から12月20日（木）まで、会社に出勤することはできません。
・研修参加中は外部との連絡を一切とることができません。
・現実では考えにくい設定もありますが、それはあなたの能力を発揮させるための演出とお考えください。

以上の環境と自分のおかれている状況を把握した上で、これからの案件処理にあたってください。

まず、60ページから83ページの20案件に目を通してください。その際、時間を計って、60分ですべての案件をどう処理するか考えるつもりで読みすすめてみてください。

実践問題

みあの「はじめてのインバスケット」

第1案件

Eメール（未読）

差出人	営業部ＳＶ課　甲斐　誠
題名	【お詫び】本日行けません
宛先	東京中央店　店長殿
CC	
送信日時	201X年12月14日　19：52

青山店長殿

お疲れ様です。

関東1地区担当の店舗指導員の甲斐です。

実は緊急事態が発生し、急きょ別のお店に行かなければならなくなりました。

したがって、本日、午後9時までにそちらにうかがうつもりでしたが、申し訳ありませんが行けそうにもありません。

取り急ぎ、必要な資料を添付ファイルにてお送りしますので、ご確認ください。

今後、接客指導や店舗運営に関することがあれば私にご相談ください。

※12月16日から12月20日まで、勝手ながら特別休暇をいただきます。

実践問題
みあの「はじめてのインバスケット」

資料 1

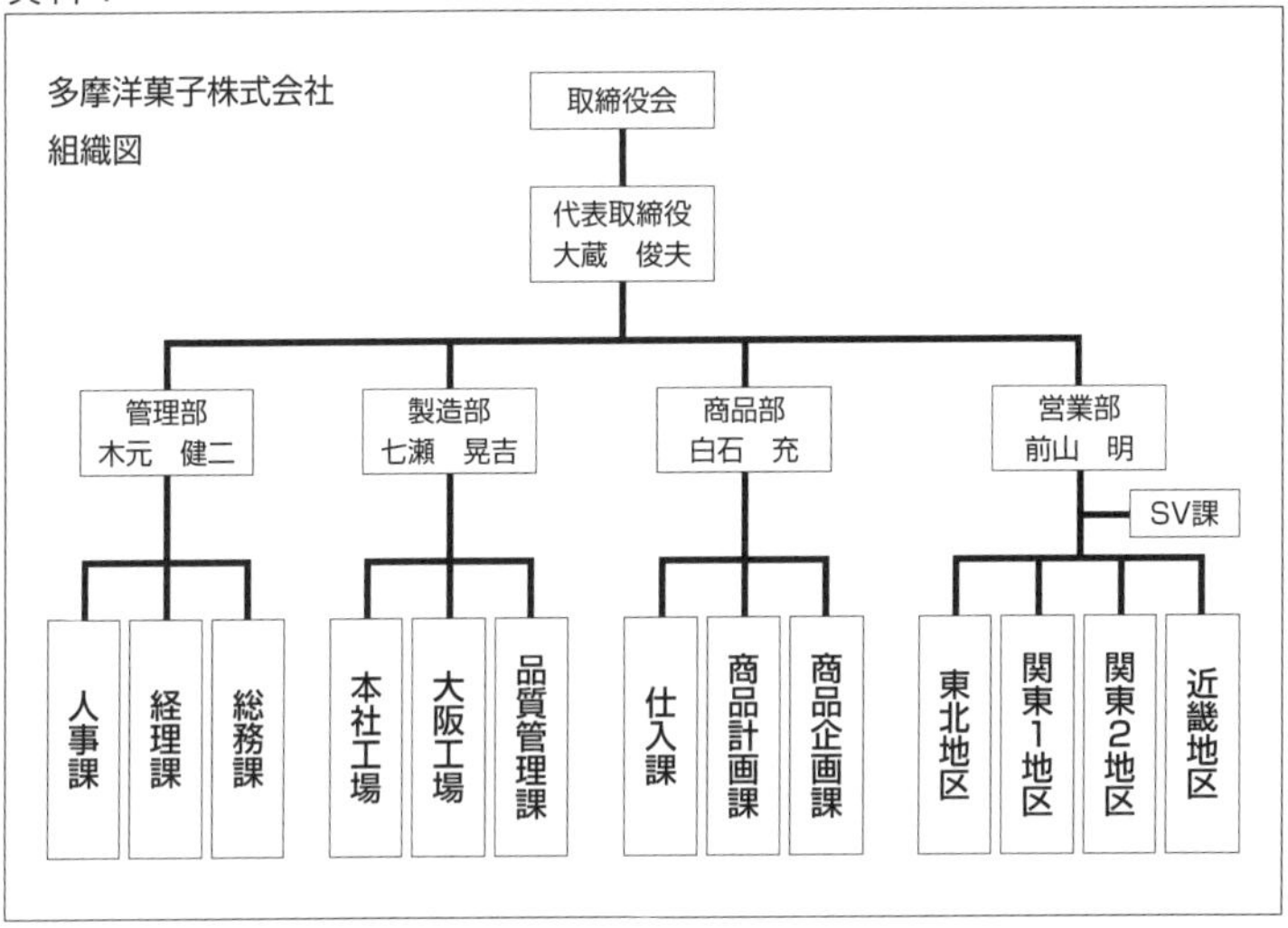

資料 2

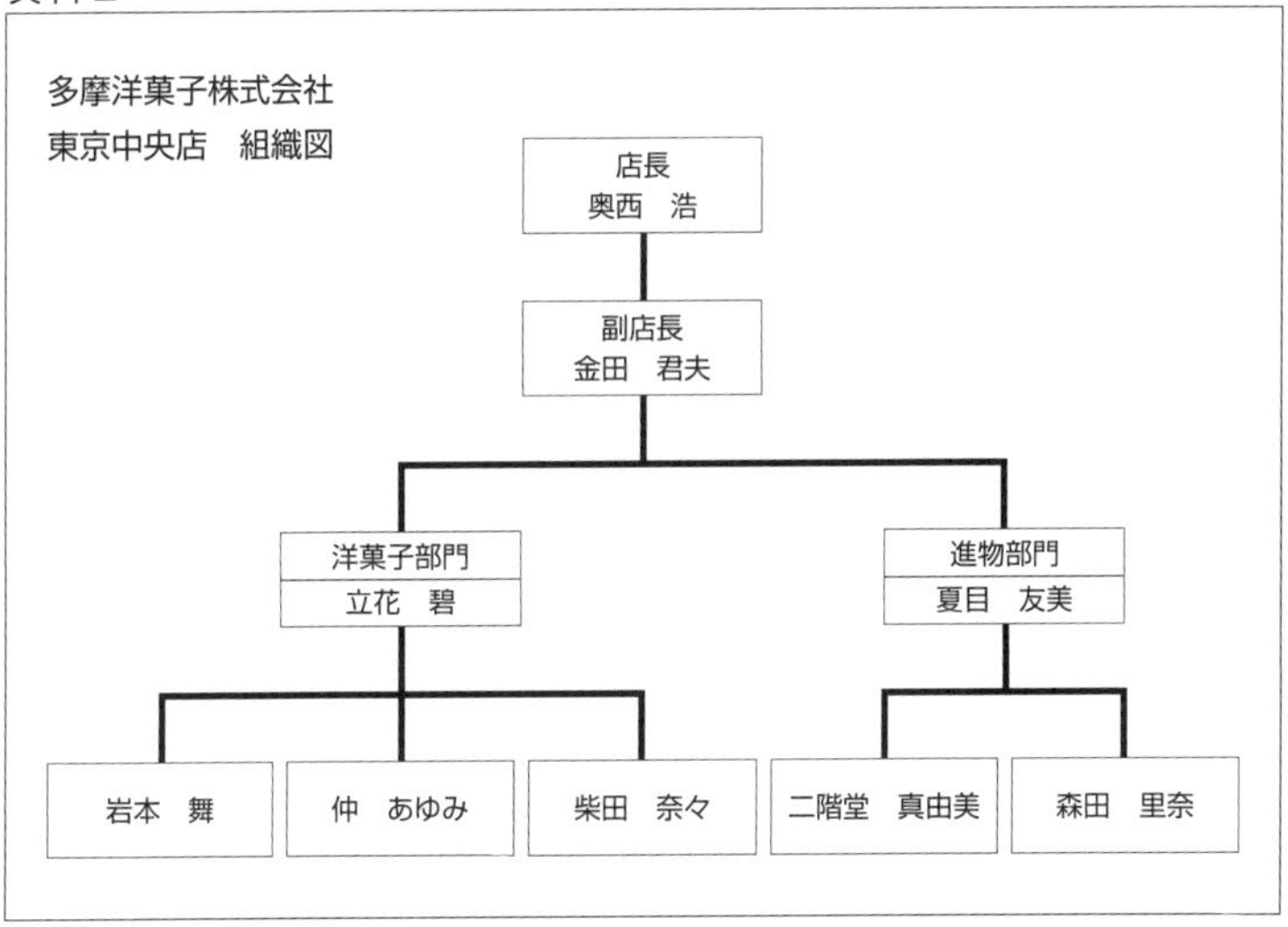

資料３

多摩洋菓子株式会社　会社概況

会社概要	
社名	多摩洋菓子株式会社
設立	1958 年 10 月 1 日
資本金	4 億 8000 万円
代表者	代表取締役　大蔵俊夫
従業員数	356 名
事業内容	洋菓子の製造・販売
本社所在地	東京都多摩市深井町 2-125-1
事業所	（営業所）近畿地区営業所　関東 1 地区営業所 関東 2 地区営業所　東北地区営業所 （工場）　本社工場　大阪工場
関連会社	多摩ブレッド株式会社
主要株主	多摩洋菓子株式会社
取り扱いブランド	TAMA　ケーキのたま

沿革	
1953 年　3 月	東京都多摩市に西野圭吾が菓子舗創業
1958 年 10 月	「多摩洋菓子株式会社」設立
1961 年 11 月	支店第 1 号　東京駅店開設
1968 年　3 月	埼玉中央店開設
1969 年　8 月	本社工場を新築
1972 年　7 月	いわき店開設
1973 年　4 月	神奈川西店開設
1976 年 12 月	大阪北店開設に伴い大阪工場開設
1980 年　5 月	京都駅前店開設に伴いイタリア製菓子製造マシン導入 本格洋菓子の販売開始
1985 年　4 月	直営店舗 20 店舗目の新宿店を開設
1996 年　7 月	直営店舗 40 店舗目の千葉店を開設
2000 年　5 月	直営店舗 60 店舗目の京都店を開設
2007 年 10 月	創業者の西野圭吾が経営から退き、 楠木徹が社長に就任
2009 年　6 月	不採算店舗の 14 店舗を閉店 現社長の大蔵俊夫が就任、改革を実行中

第２案件

手紙（未開封）

店長様

お疲れ様です。

相談させてください。

実は今日、お子様連れのお客様が来店されバースデーケーキを購入されました。

その際にお子様の名前をネームプレートに書くサービスをマニュアルどおりにしたところ、お子様がついでにお花も書いてほしいと言われました。

私は、お子様が泣きそうだったので、書いて差し上げました。

ですが、この件で立花チーフからひどく叱られました。

一人が受けてしまうと、全員が次からしなければならないからマニュアル以外のサービスは絶対するなと……

私はお客様の喜ぶ顔が見たかっただけなのに……

これって私が間違っているのでしょうか。

岩本　舞

第３案件

Eメール（未読）

差出人	東京中央店　副店長　金田君夫
題名	【ご挨拶】副店長の金田です。
宛先	東京中央店　店長殿
CC	
送信日時	201X年12月14日　17：19

青山さんへ
東京中央店副店長の金田です。

よろしくお願いします。

本日、人事異動の件を営業部長から聞きました。

一応、お店の従業員にも連絡しました。

みんなびっくりしていました。なんせ、多摩洋菓子始まって以来の若い店長ですからね。（正直私も、自分の娘と同じくらいの方の下で働くとは思いませんでしたが。）

明日から海外に行かれると聞きました。

その期間、店舗は私が運営していますのでご安心して、
海外旅行に行って来てください。

※一応報告しておきますが、12月21日から24日まで、町内会の温泉旅行の幹事になっていますので有給を取らせていただくつもりです。
一応事前の準備は万全にしておきますので、私がいなくても大丈夫です。

（私のようなおじさんが店頭に立つより、青山さんのような若い女の子がいるほうがイメージがよいと思います）

残業削減で本社がうるさいので、本日は定刻で失礼いたします。

第 4 案 件

Eメール（未読）

差出人	京東電鉄　東京中央駅　小売運営部　松本　勝二
題名	【参考】駅前コンビニ跡地について
宛先	東京中央店　店長殿
CC	
送信日時	201X 年 12 月 07 日　20：12

多摩洋菓子株式会社
東京中央店　店長様

お世話になります。京東電鉄の松本です。
実は本日、地元の不動産業者と話していて気になる情報が入りました。
駅前のロータリーのコンビニエンスストア跡地に、
大手洋菓子チェーン「ミケスイーツ」が入店するとのことです。
すでに契約を済ませているらしく、早ければクリスマス前に
オープンするとの噂です。
御社のご商売の障害にならなければよいのですが。
とりあえず情報まで。

松本

第5案件

手紙（未開封）

青山店長様

前略

進物を担当させていただいている二階堂真由美と申します。

今後ともご指導のほど、どうぞよろしくお願いいたします。

早速ですが、ご相談がございます。

それは従業員更衣室のロッカーの件でございます。

ご覧いただいたと思いますが、洋菓子部門のロッカーだけが先月新しく入れ替えとなり、私ども進物部門のロッカーは古いままでございます。

私は古いロッカーがどうと申しているのではありません。

同じお店の中で洋菓子部門だけが優遇されていることに、会社としてどのように考えられているのかをおうかがいしたいのです。

若い子はなかなかこのようなことを口にはしませんが、私はこのお店での母親代わりとしてあえてご進言申し上げた次第です。

かしこ

追伸：金田副店長にご相談しましたところ、新しい店長に相談しろ、とのことでしたので筆をとりました。

第 6 案件

Eメール（未読）

差出人	管理部総務課　山岡　正治
題名	【重要　緊急】年末の清掃用品発注締め切りについて
宛先	各店　店長殿
CC	営業部長
送信日時	201X 年 12 月 10 日　17：23

To 各店店長　殿
CC 営業部長　殿

【再確認】年末の清掃用品発注締め切りについて
標記の件、以下の通り連絡いたしますので、ご対応のほど、宜しくお願い申し上げます。

記

1. 主　旨
年末の清掃シーズンに合わせて、本社で一括購入する清掃用品の発注締め切りについて対応を依頼するもの

2.対象備品

備品番号	備品名	通常価格	一括購入価格
0252	ほうき	520円	485円
0255	モップ	900円	856円

3.発注方法
本日現在でまだ注文が上がってないお店は至急、当メールの返信にて必要数をお知らせください。締め切り以降は通常価格での納品となります。

4.締切日　12月15日

以上

第7案件

連絡ノート

~~店長様~~

.12.4.

~~あの、実は~~

ゴメンなさい、なんでもないです。

仲　あゆみ

第 8 案 件

店長直接便（お客様からのお声）

お客様からのお声

お声の内容	ご意見　ご要望　お褒め　その他（　　　　　　）
ご利用日時	12　月　11　日　　19　時ごろ
お気づきの点 (ご意見)	最近、いつ行ってもまったくケーキがありません。 ケーキ屋さんにケーキがないというのはおかしいのではないですか。 さらに、昨日も19時45分ごろお店に行くと、男性の社員らしき方がケーキを入れている冷蔵庫の上に布をかぶせて片づけをしていました。 閉店時間は20時って書いてあるじゃないですか。 ちなみに私は、多摩洋菓子のパイケーキが大好きで、一度、東京中央で降りて買いに来ています。それだけに非常に残念で仕方がありません。
必ずお返事させていただきますので、よろしければお名前とご連絡先をお書きください。	お名前(　平田　正樹　)様 ご住所(　東京都東村山市西堀9-××　　　　) お電話番号(　　　　　　　　　)

ご意見ありがとうございました。
お客様のご意見は必ず社内で検討し、今後のサービス向上に活用させていただきます。

しょうか。

洋菓子部門　立花　碧

↓

立花チーフへ
ありがとうございます。
奈々のことをほめてくれて超ハッピーです!!
やっぱりとろけすぎですねえ。

柴田　奈々♥

第 9 案件

連絡ノート

立花チーフへ　　　　　　　　　　12．9．

やっぱりムリっぽいです。
とろけるミルクケーキ、全然売れてくれません。
今日も10個、ごみ箱ちょっこーしてしまいました。
このままだと奈々の頭がとろけちゃいます！
これやめて、スーパープリティレアチーズを並べたほうが
絶対いいですよ！

柴田　奈々♥

↓

金田副店長殿
今回ばかりは柴田さんの言うとおり、当店では「とろけるミルクケーキ」の販売は厳しいのではないでしょうか。
原因として、当店は駅中の店舗ですので、お客様がご自宅までお持ち帰りになられる時間が長く、持ち帰り中の温度管理が難しいことが考えられます。それに持ち運び中に崩れやすいのもお客様が避ける原因です。
本社指定商品は必ず売らなければならないことは承知しておりますが、お客様の立場から、温度管理面と持ち運びしやすい容器の開発など、商品部に相談をしてもよろしいで

第10案件

連絡ノート

副店長様　　　12.10

大丈夫です！！
昨日お願いされた今月のシフトですが、
12月1日から12月29日までの連続出勤OKです！
その代わり12月30日だけはお休みをください！

12月23日から25日は超いそがしいので
泊まり込んでもいいですッ。
全然大丈夫です！！

がんばります！！

柴田　奈々♥

第 11 案件

手紙（未開封）

新店長殿

シフトの関係上、来週までお会いできませんので手紙を書きました。

当部門の岩本さんから気になることを聞きました。

12 月 11 日の閉店後、進物の二階堂さんと、森田さんが廃棄の商品を持って帰っているのを目撃したようです。

ただ、私自身が見たわけではありませんので、確証はありません。

廃棄の商品の持ち帰りは、会社の規定で禁止されております。

副店長にお話をしましたが、直接店長に報告するほうが良いとご助言をいただきました。

くれぐれも私からの情報とわからないようにお願いします。

洋菓子部門　立花　碧

立花様

特設コーナーを使う権利は昨年使った部門にあるのが定例でございます。また、数年前に25日の朝に洋菓子の商品がまったくなくなって、進物部門で売場を急に埋めたのをお忘れでしょうか?

進物　二階堂

↓

副店長殿

特設コーナーの件どのようにすればよろしいですか。副店長が決めてください。

17日に特設コーナーの発注修正締め切りです。

洋菓子部門　立花　碧

↓

立花と夏目で話し合って決めてください。　**金田**

第12案件

連絡ノート

金田副店長殿　　12.10

12月21日から25日まで特設コーナーは洋菓子部門のクリスマスケーキ販売で使いますのでよろしくお願いします。

洋菓子部門　立花　碧

↓

副店長へ
昨年は12月24日の夜から進物部門が特設コーナーで年末向け進物の準備をしていました。ですので24日夜に洋菓子部門は片づけて特設コーナーを空けるべきです。

進物部門　夏目

↓

夏目さんへ
今年の洋菓子部門のクリスマスケーキ売上目標は昨年の120%です。この期間の売上高は進物の10倍以上あります。24～25日に進物を販売しても無意味だと思います。それにすでに計画を組んでいるので変更不可です。

洋菓子部門　立花　碧

↓

第13案件

Eメール（未読）

差出人	東京中央店　副店長　金田君夫
題名	ご連絡
宛先	東京中央店　店長殿
CC	
送信日時	201X年12月14日　18:19

青山さんへ

先ほど本社営業部から電話がありまして、
今年のクリスマスケーキ予約推進リーダーの氏名を
報告しなければならないようです。

私に任せてもらえませんか。
現在当店は地区で予約受注率が最下位と、
恥ずかしい結果になっています。
ここは東京中央店のプライドを賭けてでも
まわりの企業などにもアプローチして、
絶対に昨年の2倍の実績を上げてみせます。
その他いろいろアイデアもありますので。

よろしいでしょうか。
ご検討ください。

第 14 案件

Eメール（未読）

差出人	商品部部長　白石　充
題名	【要報告】廃棄率悪化について
宛先	東京中央店　店長殿
CC	
送信日時	201X 年 12 月 13 日　10：19

東京中央店　殿

貴店の廃棄率が昨年に比べて異常値となっている。
これは利益圧迫の大きな要因である。
至急確認の上、原因調査ならびに対策の報告を依頼申し上げる。

店舗	8月		9月		10月		累計	
	廃棄率	昨年対比	廃棄率	昨年対比	廃棄率	昨年対比	廃棄率	昨年対比
東京中央	5.3	115.2	6.3	118.0	6.2	117.4	6.0	116.9
全店舗平均	10.2	96.2	11.5	95.0	11.2	93.1	11.0	95.8

単位：(%)

※廃棄率：仕入額に対して、売れずに残って捨てた商品の金額の比率
※昨年対比：昨年の廃棄率に対する、今年の廃棄率の対比

第15案件

Eメール（未読）

差出人	中丸電気設備株式会社　メンテナンス部　山路　達郎
題名	【ご連絡】冷蔵ケース入れ替えについて
宛先	東京中央店　店長殿
CC	営業部長
送信日時	201X年12月08日　17：19

多摩洋菓子株式会社
東京中央店　店長様

お世話になっております。
先日、ご依頼いただきました冷蔵ケース入れ替えの件、
以下のように日程が決まりましたのでご連絡申し上げます。

【日時】12月19日（水）22時より翌12月20日（木）朝6時まで
【工事内容】冷蔵ショーケース入れ替えとそれに伴う配線工事
　　　　　　床面タイルはがしに伴う復元工事
【ご依頼内容】
できるだけスムーズに工事をおこないますが、機材搬入などで若干大きな音が出る可能性がございますので、周辺店舗様へのご連絡をお願いいたします。

第16案件

手紙（未開封）

店長様

娘がお世話になっております。

私、仲あゆみの母親で仲貞子と申します。

本日、お手紙を差し上げましたのは娘のあゆみの件でございます。

大学に入学してから4年間、多摩洋菓子様でお世話になっております。

ただ、今回娘と話をしましたところ、非常に申し上げにくいのですが、御社の経営不振に関するニュースなどが報道され、あゆみも不安を抱いております。

あゆみ自身はこのまま御社の社員として仕事を続ける夢を持っておりますが、私としましては、娘の将来を考えると、別の方向に進ませようかと考えております。

つきましては、今月末にて御社を退職させていただきたく、お願い申し上げます。

あゆみには今月末まではしっかりと働くように申しつけます。

仲　貞子

第17案件

連絡ノート

金田副店長殿　・12・9・

先週お願いした衛生用フキンと消毒用のアルコールはいつ入ってくるのでしょうか。もうほとんどありません。
このままでは衛生管理マニュアルに違反しますので、
至急、お手配ください。

洋菓子部門　立花　碧

立花へ

今月は消耗品の予算が厳しいので発注できません。
フキンは使いまわしするなど、なんとか節約して使用してください。
ただし、全部使い切ると、保健所の立ち入りがあったときにまずいので少し残しておいてください。

副店長　金田

第18案件

メモ

店長様
ひらめきましたあッ♥
この前お話ししていたクリスマス企画ですが、
こんなアイデアはいかがでしょうか。

「従業員全員がトナカイのぬいぐるみに入り販売する」

まわりのお店はサンタさんなので、目立ちますよッ。
サンタさんもびっくり間違いなしです！！o(・∀・o)

それからこれは企画ではありませんが、
今若い女性の間で紅茶が流行っています。(私もハマっています
が……)
うちのメニューには紅茶フレーバーのケーキがありません。
ちなみにライバル社のリバーケーキなどでは、
紅茶フレーバーシリーズを売り出していて、
午前中に完売しています。
うちも発売すれば間違いなく大ヒットですよ！！”(*＞ω＜)o

柴田　奈々♥

第 19 案件

Eメール（未読）

差出人	管理部総務課　竹岡　敦子
題名	【ご確認】夏のアイス販売コンクール賞品について
宛先	東京中央店　店長殿
CC	
送信日時	201X 年 12 月 13 日　15：40

東京中央店　殿

お疲れ様です。総務課の竹岡です。

先日メールでご依頼しました、貴店に対する販売コンクール賞品の引き取りの件、未だご返事をいただけておりません。

至急、いつ引き取りに来ていただけるのかご返信をお願いいたします。

当方の管理上、12 月 17 日までにお引き取りいただけますようお願いいたします。

念のため、前回お送りしたメールの抜粋を添付いたします。


－－

【ご依頼内容】
本年夏におこなわれたアイスケーキ販売コンクールにおいて、
貴店は関東ブロック4位に入賞されました。
賞状については店長会議にてお渡ししましたが、粗品については
未だ総務課にお引き取りに来ていただいていない様子です。
恐れ入りますが、大至急お引き取りいただけますようお願いいたします。

第20案件

連絡ノート

新店長様　　12．14

やっちゃいましたッ!!!

本日12月14日の発注で桁を間違えちゃいましたあッ。

ごめんなさいッ!（反省）

スペシャルビッグモンブランが
4日後に2000個入ってきます!

どうしましょう。

20個でよかったのに2000個も……超ショックです(T∀T)

こんなに入ってきたらお店の冷蔵庫に入らないです。

チーフには先月もダブルビッグレアチーズケーキを1300個発注して、こってりと怒られたので相談できず、副店長に相談すると、責任とって買って帰れ!と怒られちゃいました。

本当にごめんなさいッ（。≧Д≦。）

全部は買えません。買えても10個くらいです（涙）

柴田　奈々♥

主人公・青山みあの判断について

次章から始まるストーリーと解説では、主人公である青山みあが、60分という限られた時間の中で、先に紹介した1～20の案件と実際に対峙したときに、どのように感じてどのように判断・行動したかを実況中継しています。

すべて正しい行動ではなく、ときには誤った判断や葛藤、そして迷いがあります。それらを客観的に観察して、あなたはどのように感じ、判断・行動したかを振り返ってください。

売場指導員・甲斐《かい》について

甲斐は、東京中央店を含むエリアを取り仕切る売場指導員です。新米店長であるみあに対し、どのような判断、行動をするべきだったのかを、案件ごとに解説し、指導していきます。

それらは絶対的な正解ではありませんが、みあとは違った視点で問題解決をしていく様子をご覧いただくことで、あなた自身にとっての気づきとなり、今後の判断や行動の選択肢として、広がるでしょう。

それではいよいよ次のページから、あなたが青山みあになりきって案件処理を始めます。

第 1 案件

「急に行けなくなりました」

Eメール（未読）

差出人	営業部SV課　甲斐　誠
題名	【お詫び】本日行けません
宛先	東京中央店　店長殿
CC	
送信日時	201X 年 12 月 14 日　19：52

青山店長殿

お疲れ様です。

関東1地区担当の店舗指導員の甲斐です。

実は緊急事態が発生し、急きょ別のお店に行かなければならなくなりました。

したがって、本日、午後9時までにそちらにうかがうつもりでしたが、申し訳ありませんが行けそうにもありません。

取り急ぎ、必要な資料を添付ファイルにてお送りしますので、ご確認ください。

今後、接客指導や店舗運営に関することがあれば私にご相談ください。

※12月16日から12月20日まで、勝手ながら特別休暇をいただきます。

資料1

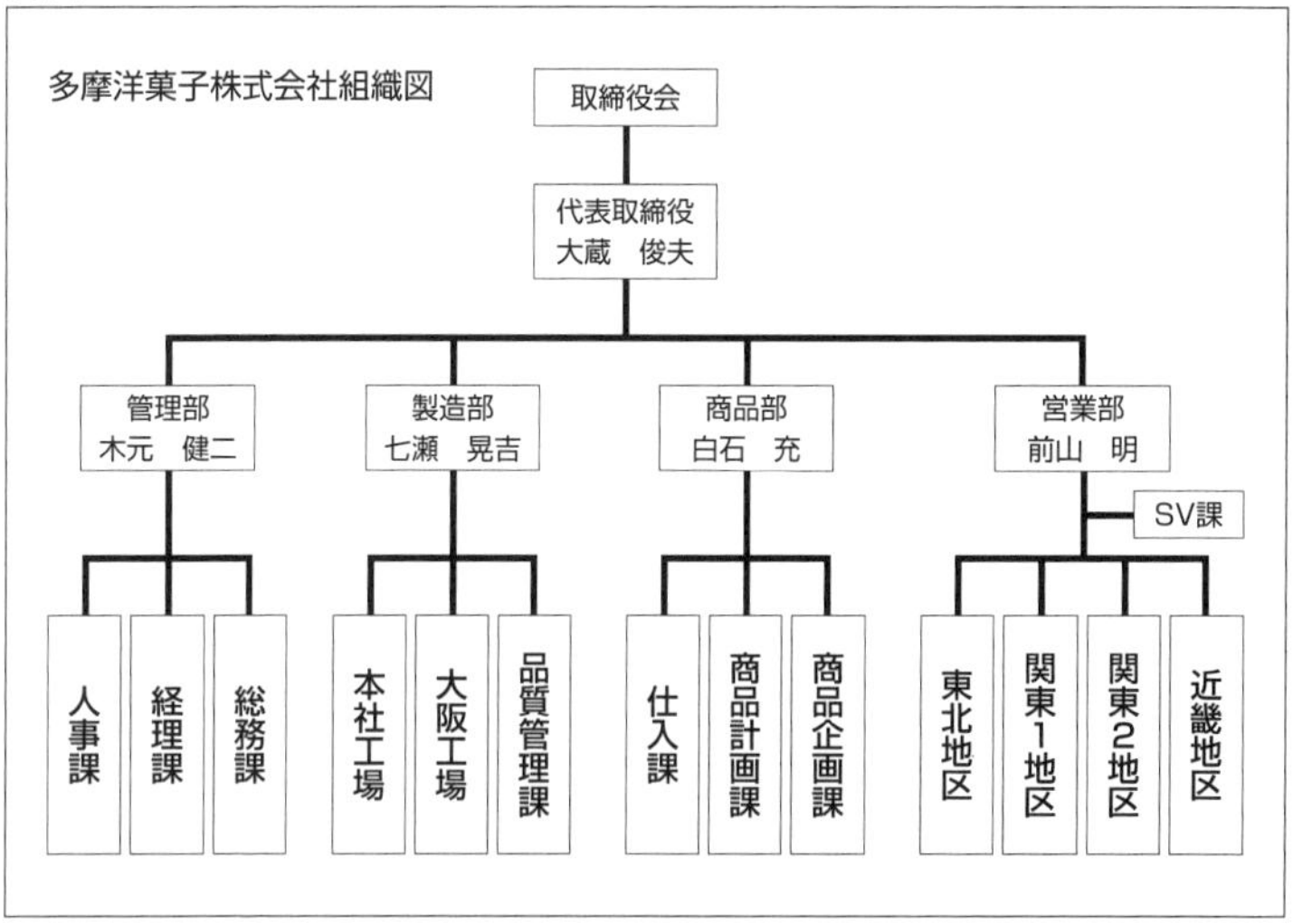
多摩洋菓子株式会社組織図
取締役会
代表取締役
大蔵　俊夫
管理部
木元　健二
製造部
七瀬　晃吉
商品部
白石　充
営業部
前山　明
SV課
人事課
経理課
総務課
本社工場
大阪工場
品質管理課
仕入課
商品計画課
商品企画課
東北地区
関東1地区
関東2地区
近畿地区

資料2

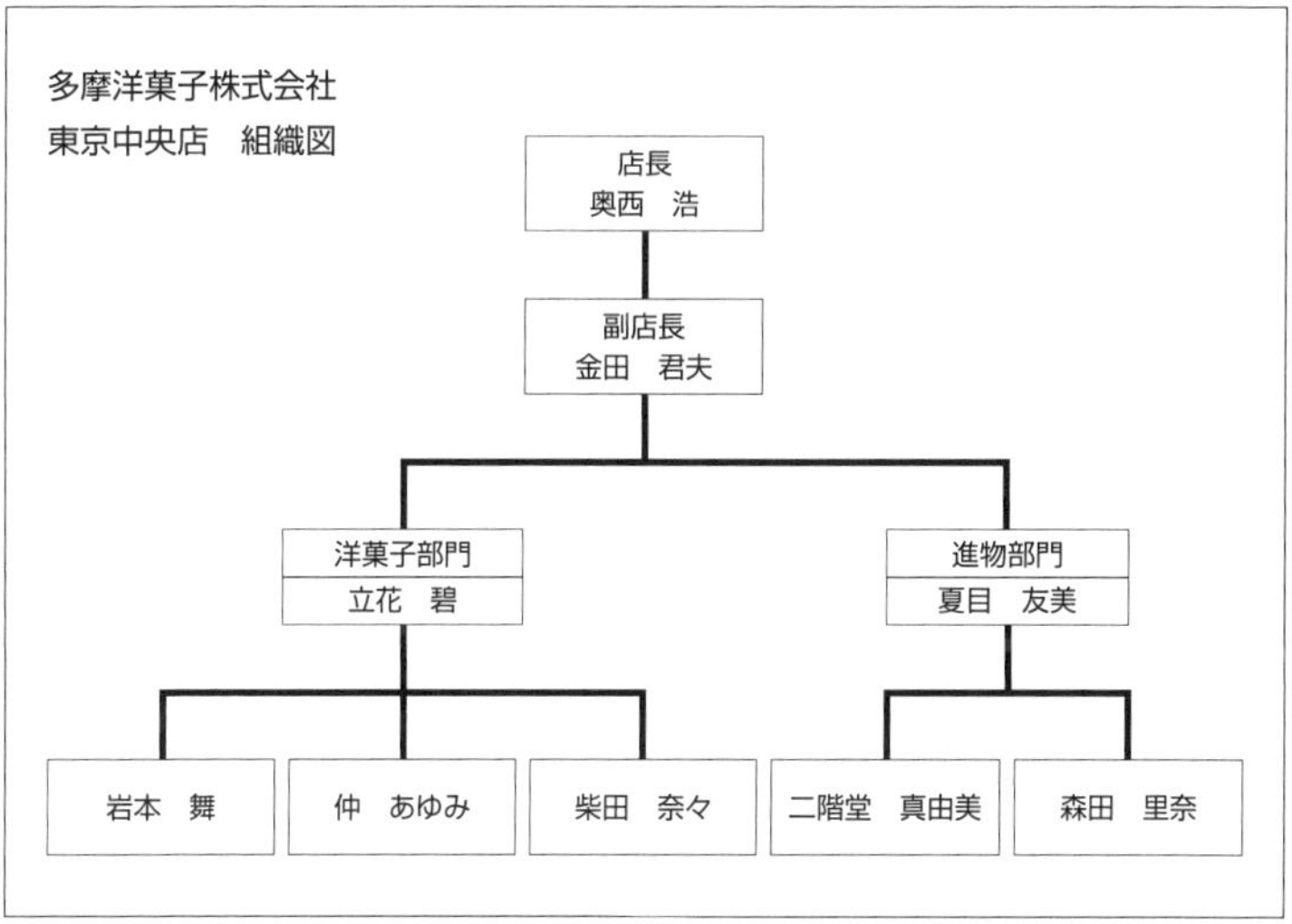
多摩洋菓子株式会社
東京中央店　組織図
店長
奥西　浩
副店長
金田　君夫
洋菓子部門
立花　碧
進物部門
夏目　友美
岩本　舞
仲　あゆみ
柴田　奈々
二階堂　真由美
森田　里奈

資料３

多摩洋菓子株式会社　会社概況

会社概要	
社名	多摩洋菓子株式会社
設立	1958年10月1日
資本金	4億8000万円
代表者	代表取締役　大蔵俊夫
従業員数	356名
事業内容	洋菓子の製造・販売
本社所在地	東京都多摩市深井町2-125-1
事業所	（営業所）近畿地区営業所　関東1地区営業所 関東2地区営業所　東北地区営業所 （工場）　本社工場　大阪工場
関連会社	多摩ブレッド株式会社
主要株主	多摩洋菓子株式会社
取り扱いブランド	TAMA　ケーキのたま

沿革	
1953年　3月	東京都多摩市に西野圭吾が菓子舗創業
1958年10月	「多摩洋菓子株式会社」設立
1961年11月	支店第1号　東京駅店開設
1968年　3月	埼玉中央店開設
1969年　8月	本社工場を新築
1972年　7月	いわき店開設
1973年　4月	神奈川西店開設
1976年12月	大阪北店開設に伴い大阪工場開設
1980年　5月	京都駅前店開設に伴いイタリア製菓子製造マシン導入 本格洋菓子の販売開始
1985年　4月	直営店舗20店舗目の新宿店を開設
1996年　7月	直営店舗40店舗目の千葉店を開設
2000年　5月	直営店舗60店舗目の京都店を開設
2007年10月	創業者の西野圭吾が経営から退き、 楠木徹が社長に就任
2009年　6月	不採算店舗の14店舗を閉店 現社長の大蔵俊夫が就任、改革を実行中

あなたならどのような判断・行動をとりますか？

1	来ないのなら仕方がない。頼りにならない指導員だと見切りをつける。
2	とりあえず資料の確認のみおこなう。
3	甲斐に今後の支援と、甲斐の休暇は自分の研修期間と重なるので、他の指導員へお店のフォローを依頼する。
4	他店のことも重要かもしれないが、自分がこれだけの窮地になっているのに来ないことに強く抗議する。

あなたが選んだ選択肢は

青山みあの判断 2

なにこれ、ひっどーい。急に来れないなんて、私、ひとりでどうすればいいの？　でも緊急事態なら、仕方ないかあ……。たくさん資料を用意してくれてることには感謝するべきね。海外研修中にこの資料を目に通しておこうっと。

甲斐さん、お休みとるんだ……。私の研修期間と重なっているのが少し気がかりだけど、あれだけ社長もサポートすると言ってくれているから大丈夫よね。

甲斐からのアドバイス

青山さん。今日は行けずに本当にゴメン。

青山さんが店長かあ。おそらく明日あたり、会社全体に衝撃が走ると思うよ。でも僕自身は、保守的なうちの会社にとって大きな刺激となり、良い方向に向かうと信じています。

実は僕も上司から、青山さんを一人前の管理者に育てるように厳しく言われたよ。だから、今回の青山さんの案件処理を辛口で指導させていただくので、そのつもりでいてね。

さて、今回の案件は僕自身が出したものなのでコメントしにくいのだけど、青山さんは辞令を受け取った時点で、このお店の店長、つまりリーダーになったんだよ。今までとはまったく違う立場になることを、まず認識することが重要だ。つまり、青山さんが主体となってすべての案件に自主的、自発的に取り組む姿勢が求められるんだよ。

今までのように上司が支援してくれたり、サポートしてくれたりということを期待しているようでは、リーダーとして失格だ。このお店のリーダーとして、今後の組織運営には、自分から支援を求めないと誰も助けてくれないよ。冷たいようだけど、僕たちスタッフも、担当しているのは青山さんのお店だけではないし、他人頼みのようなリーダーには、心からサポートしようという気持ちが起こらないよ。

だから、まず、青山さんの役割である円滑な組織運営に関して、支援を求める気持ちを表明することが大事なんだ。これは、外部組織だけではなく、自分の組織内にとっても、自分がリーダーであること、そして支援と協力を求める気持ちを表明することは、一番最初におこなうべき行動なんだよ。

また、売場指導員の僕と青山さんの休みが重なったのは不運だったのだけど、ここで「誰かがサポートしてくれるだろう」と考えるのは、当事者意識が足りないと思う。願い出ないかぎり、サポートはないものと考え、サポート体制の依頼をすることが望ましいと思うよ。

解説　リーダーがはじめにおこなうこととは？

【当事者意識】

当事者意識とは、みずからに対して何を求められていて、また、何をするべきなのか、自発的に判断をおこなう意識のことです。このケースの場合は、甲斐SVが指摘するように、みあには店長としての自覚ではなく、「誰かがやってくれるだろう」という意識のほうが強いと評価できます。自分が組織運営の責任者として、今後何をするべきかを考えれば、たとえば甲斐SVの協力やサポートは必須なので、信頼関係を築き、謙虚な気持ちで支援をお願いすることが必要になります。

また、用意された資料にも、どんなものがあるのかという観点で見るのではなく、自部署を運営する上で、必要な情報が本当に揃っているのかという観点で確認するべきです。その上で、必要であるが不足している情報があれば、その情報を要求するのがリーダーとしてとるべき行動です。これも自分が組織運営の責任者として、どのように組織運営を真剣に考えているのかの姿勢のあらわれとなるのです。

また、新任で部署に着任すると、前任が残した業務や案件を引き継ぐことがありますが、この際も、個人として引き継いだのではなく、組織のリーダーとして引き継いだと考えるべきです。前任者のやったことだから……などという感覚を持ってはいけません。外部から見れば、あなたであろうが前任者であろうが、その部署のリーダーの判断であることは変わりません。あなたはそれを引き継ぐ責任があるのです。

また、リーダーとしての業務に慣れてくると、業務の効率化と職務放棄の二極化が起こります。これは、リーダー当事者として職務を遂行しながら、ムダな業務がないかを分析し職務量を減らすタイプと、本来自分がやらなければならない業務であるにも関わらず、自分の業務ではないと主張して職務を放棄するタイプにわかれるということです。

もちろん前者があるべき姿なのですが、残念なことに傍観者的な傾向が強まり、できるだけ仕事を受けないように、またはできるだけ他人に仕事をまわすことばかりに力を注ぐリーダーや管理者が多くなっているのも事実です。

もちろん、やらなくて良い仕事を受けろ、と言っているわけではありません。組織の中の一員として何をするべきかを考え、当事者意識を持ちながら、その案件の実際の処理の適任者を判断するスタイルを持っていただきたいのです。

【組織活用力①――外部組織の活用】

組織のリーダーになると、内部ばかりに目が行ってしまいがちですが、外部もよく観察しなければなりません。今回、資料についている組織図はそのための貴重な情報源です。組織図は、いろいろな組織がどのような体制で配置されているか、また、どのような指示系統や情報の流れをとるべきなのかを明確に示したものです。

着任してすぐに確認しなければならないのは、

1. 自部署がどの位置づけにあるか
2. サポート、支援を受けられる機能を持つ組織はどこなのか
3. 報告や連絡のルートはどこなのか

の3点です。

そして自部署を運営するにあたり、受けることのできるサービスや支援はどの組織にあるかを把握し、その部署には支援の依頼や挨拶をするべきです。

多くの場合、組織として目指している目標は同じでも、部署によって価値観や考え方、ときには縦割り的な考え方やエゴイズムがあるものです。すべてあなたの価値観や考え方と同様とは思わずに、部署が違えば価値観や考え方が違うことを前提に、まわりの組織と付き合うとよいでしょう。

一方で、甲斐SVが言うように、本社などのスタッフ部門からすれば、あなたの部署は全社の1部門でしかありません。たとえば甲斐SVが10店舗担当しているとすれば、彼からすれば10分の1でしかないのです。しかし、彼らと信頼関係を築き、あなたの熱い思いや真剣さを伝え、心から支援をお願いすれば、10分の1が、2や3に変わるのです。あなたは、自部署の運営をより確実なものにするために、サポートや支援を受ける組織に対し、信頼関係と協力体制を築き上げて、できる限りのサポートや支援を受ける行動をとらなければなりません。これを組織活用力と言います。

たとえば、渉外関係でしたら総務部門でしょうし、経費などの予算なら経理部門、お店の広告や宣伝なら販売促進部門と、各部門にはプロがいるのです。あなたは組織の運営のプロとしてマネジメントに専念し、これらの組織を活用することが会社全体の生産力を上げるのです。

あなたの役割は、自分が汗を流して労働するのではなく、部下やまわりの組織を使ってどれだけの成果が出せるのかを考えること……、つまり頭を使って成果を出すことなのです。

【内容把握力】

インバスケットでは、短時間で多くの情報を処理することを要求されます。その際に大事なのが、いかに短時間で案件や資料の内容を把握するかということです。インバスケット問題全体の文字数は、約１万５０００字から多いもので３万字を超えるものもあります（本書で使用している問題は約１万字と、本来の問題に比べるとかなり少なく設定しています）。

多くの方は読んでいるだけで多くの時間を使ってしまい、案件処理のほうに十分かける時間がないことが多いでしょう。それは不要な箇所に時間を割いたり、不要な部分を重ねて読んだりして、内容を理解するのに時間がかかるからです。

内容を把握する力は、案件処理速度と密接な関係を持ちます。それは、その案件が何を伝えたいのかを把握しないと、案件処理ができないからです。

内容把握力を上げるには、まず自分が何をするべきなのかという点に注目して確認するとよいでしょう。そして案件全体を読むのではなく、できるだけ定性的な情報や確実と思われる情報だけを重視し、そこに下線を引くなどすれば、新たに読み返すときには下線だけを読むことができて要約しやすくなります。

「要点は何なのか」

つねにこれを思いながら要点だけを抜き出すつもりで読み込む必要があるのです。

これは、日常の仕事の場面でも同じことが言えます。部下からの報告を受ける際や、資料の読み込みなども、新聞のように読むのではなく、要点は何なのかを注意して読むことで、いち早く内容が把握できるのです。

案件を素早く処理するための第1ステップが、この内容把握力だと言えます。

第1案件で特に発揮したい能力

・当事者意識
・組織活用力
・内容把握力

第 2 案件

「お客様が喜ぶことをしただけなのに……」

手紙（未開封）

店長様

お疲れ様です。

相談させてください。

実は今日、お子様連れのお客様が来店されバースデーケーキを購入されました。

その際にお子様の名前をネームプレートに書くサービスをマニュアルどおりにしたところ、お子様がついでにお花も書いてほしいと言われました。

私は、お子様が泣きそうだったので、書いて差し上げました。

ですが、この件で立花チーフからひどく叱られました。

一人が受けてしまうと、全員が次からしなければならないからマニュアル以外のサービスは絶対するなと……

私はお客様の喜ぶ顔が見たかっただけなのに……

これって私が間違っているのでしょうか。

岩本　舞

あなたならどのような判断・行動をとりますか？

1	会社の規則なので、したがうしかない旨を岩本に告げ、理解を求める。
2	たしかに一人が勝手なことをすることはチームの他のメンバーにも影響を与えるので、岩本に今後はしないように告げる。立花には指導が的確であると褒める。
3	岩本のおこなったことは間違っていないと伝え、立花の考え方を批判し、指導する。
4	立花の指導は間違っていないが、岩本の行為はお客様本位の行動として評価し、着任後、全員で顧客志向について考える機会を設ける。

あなたが選んだ選択肢は

青山みあの判断 4

そういえば、私もマニュアルに載っていないサービスをお客様にして差し上げたことがあるわ。たしか、結婚記念日のお客様に、プレートにメッセージを書いてほしいとせがまれて、マニュアル上は決まったメッセージしか書けないことになっていたけど、お客様が喜ぶことはするべきだと思い、そっと書いたの。でもそれが先輩にばれて厳しく叱られたっけ。あなたがしたら次もしなければならないって……。でも私はそれを間違ったことではないと今でも信じている。だって、心からそうしてあげたいと思ってやったから。

そのとき、くやしくて店長に相談したら「僕が責任をとるから、お客様のためにやってあげなさい」とやさしく言ってくれたな。今は私が店長だから、私が責任をとればいいのよ。

甲斐からのアドバイス

本部のマニュアルを守っていただくための指導をするのが僕の役目だけど、今回は青山さんの判断は正しいと思うよ。どんな仕事でも、お客様あってはじめて成り立つもの。青山さんのお店だから、このお店で起きたことは青山さんの責任である一方、青山さんにはこのお店の運営方針を決定する権限もあるんだよ。

だから、現実にそぐわないルールやマニュアルがあるのなら、組織の代表として、問題提議をするといいよ。マニュアルやルールを尊重しながらも、顧客志向を忘れてはいけないよね。

解説　誰に向かって仕事をするのか

【顧客志向】

組織を効率的に運営し、かつ規範を維持するためにマニュアルやルールが存在します。リーダーはこのマニュアルやルールを従業員に徹底させる責任があります。しかし、時代の流れに、既存のマニュアルやルールがそぐわなくなったり、マニュアルやルールがかえって会社の利益を損ねていないかなども、十分に検証しなければならない点です。現実的な内容でない場合は、マニュアルを管轄する部門などに問題提議をするのも、現場を預かっているリーダーのおこなうべき行為なのです。

一方で、この案件から岩本を擁護し、立花を批判する行為は避けなければなりません。立花はチーフとして当然の職務を果たしているだけなのですから、逆に、立花の行為も評価されるべきなのです。では、悪いのはマニュアルだけなのかと言うと、それは違います。この場合、顧客志向をなくした、組織の風土に問題があると考えるべきです。この案件だけではなく、お店全体の顧客志向が失われているのではないかと、組織の運営者であれば危惧しなければなりません。もし顧客志向がなければ、長期的な改善が必要な課題になるからです。

なぜ長期的な課題になるかと言えば、顧客志向とは、個々の人が自分自身で理解しないと実現しないからです。マニュアルを変えても、なぜそうするかの意味がわからなければ価値がないのです。組織の風土は一朝一夕では変わらないものです。

まずは、あなたが全員の前で実践することで風土は少しずつ変わるでしょう。あなたはあるべき行動を率先しておこない、そして、部下が自発的に真似をしてくれるまで、長期的に教育をおこなうべきなのです。

部下は、いつもあなたの行動を見ています。あなたの姿勢は必ず部下の姿勢に影響します。このような顧客志向は、どの業界、どの業種をとっても、なくてはならない考え方なのです。

【意思決定力①―信念にもとづいた意思表明】

たとえ、すでに決まっているルールやマニュアルであっても、自分の考えを毅然と述べる行動は、意思決定力として評価できます。インバスケットでは多くの案件で意思決定が必要となりますが、意思決定の方法は人それぞれ異なります。ときには自分の信念や軸となる考えがあり、それを毅然と相手に伝えられる人もいれば、案件ごとに大きく意思決定の軸がぶれる人もいます。どのような意思決定が評価されるのかと考えて意思決定する人や、問題集の模範解答などを見て、その模範的な回答をそのまま書く人もいるのですが、案件全体を通して見れば、矛盾点や、信念のぶれがよく観察できます。

自分の意見や方向性を明確にするという行動は、その人の強い信念や価値観を裏付けます。リーダーにはこのような強い信念や価値観を相手に明確に伝える行動が求められているのです。

注意しなければならないのは、自分の考えを相手に伝えるという行動は、一つ間違ってしまうと意見の押し付けや相手の意見の否定につながってしまうことです。

「自分はこう思う」

と、

「あなたはこうするべきだ」

は、同じ考えであっても、相手に伝わる印象が違うのです。

実際の職場では自分の意見を明確に述べるという行動はとりにくい場合があります。それは上司があなたと異なる意見を述べたあとなど、場の雰囲気を察知した結果（の判断）と言えるかもしれません。しかし、あなたはリーダーとして、相手の意見や場の雰囲気を観察しながらも、確固たる信念を持って自分の意見を伝える勇気も必要なのです。

【統制力】

どの組織にも、集団活動をする上でのルールや規定、そして決めごとが存在します。これらを周知し、自発的に守らせるのは、リーダーの仕事と言えるでしょう。リーダーとして自分のチームにどのようなルールや規定があるのかは、必ず確認しておく必要があります。リーダーが知らないルールが多く存在することもあるからです。また、メンバー全員が、そのルールを知っていることも大事な条件です。

そして、ルールや規定を、時と場合に応じて変更することも、リーダーの役割です。ルールや規定を固定的に考えると、それらを守ることが優先となり、目的達成の障害になってしまうこともあるからです。それでは本末転倒です。そのため、リーダーはその規律の整合性をつねに検証していかなければなりません。

規律の元となるルールや規定を変えるときには、独断ではなく、チームのメンバーも納得のいく変え方が必要となります。

急にリーダーが今までの規律を無視したり、勝手に変えたりしては、今まで規律を守ってきたメンバーは次第に守ろうとする意識をなくしてしまいます。

このケースも、まずはどのようなマニュアルになっているのかを確認し、チーム全体で話し合い、変えるべきかどうか議論するべきなのです。

昨今ではグローバル化も進み、日本の企業でも、言葉のルール、つまり社用語を英語にするなどの、大きな変化の流れが見られます。このような時代だからこそ、その規律が整合性のあるものなのかをつねに検証し、場合によってはアップデートされた新しい規律のもとで組織を統制していくことが必要なのです。

第２案件で特に発揮したい能力

- ・顧客志向
- ・意思決定力
- ・統制力

第３案件

「え？　あなたが店長……？」

Eメール（未読）

差出人	東京中央店　副店長　金田君夫
題名	【ご挨拶】副店長の金田です。
宛先	東京中央店　店長殿
CC	
送信日時	201X年12月14日　17：19

青山さんへ
東京中央店副店長の金田です。

よろしくお願いします。

本日、人事異動の件を営業部長から聞きました。

一応、お店の従業員にも連絡しました。

みんなびっくりしていました。なんせ、多摩洋菓子始まって以来の若い店長ですからね。（正直私も、自分の娘と同じくらいの方の下で働くとは思いませんでしたが。）

明日から海外に行かれると聞きました。

その期間、店舗は私が運営していますのでご安心して、
海外旅行に行って来てください。

※一応報告しておきますが、12月21日から24日まで、町内会の温泉旅行の幹事になっていますので有給を取らせていただくつもりです。
一応事前の準備は万全にしておきますので、私がいなくても大丈夫です。

（私のようなおじさんが店頭に立つより、青山さんのような若い女の子がいるほうがイメージがよいと思います）

残業削減で本社がうるさいので、本日は定刻で失礼いたします。

あなたならどのような判断・行動をとりますか？

1	金田に、挨拶と今後の店舗運営への協力を求め、有給休暇に関しては、繁忙時につき可能であれば時期をずらしてほしいと依頼し、着任後面談をして決定する。
2	自分を店長と認めてくれないのなら、自分も副店長として認めないと、厳しくリーダーシップを発揮する。有給休暇も認めない。
3	年上の金田に店長の役割を任せ、自分が副店長としての役割を持ったほうが店舗運営がうまくいきそうなので、彼にすべてを任せてみる。
4	こんな副店長とやっていく自信はないので、人事部に相談をして替えてもらう。

あなたが選んだ選択肢は

青山みあの判断 3

なに、このメール？　かなり反歓迎ムードじゃない。私が何かした？　私は会社の命令で店長として来るだけで、こっちだって、あなたみたいなお父さんくらいの歳の人を、部下に持ちたくなんてないわよ。しかも、クリスマスの真っ最中に有給休暇？　ありえない。副店長として失格じゃないの。

でも、金田さんは元店長と聞いたわ。私がこんなお店を切り盛りするより、彼に店長としての権限を与え、私が副店長の役割をすればうまくまわるかも。そしたら金田さんもやる気を出すにちがいないわ。えーい、任せてしまえ！

甲斐からのアドバイス

青山さん。その判断は違うんじゃないかな。君はリーダーとして、彼をどう活用するかを判断しなければならないよ。任せるのと丸投げをするのは、まったく異なる判断で、今回の青山さんの判断は、リーダーとしての役割を放棄していることになるんだよ。考えを改めてね。つまり、与えられた「ヒト」という武器を使って、成果をあげることが求められているんだから、その武器に使われるようなことがあってはいけないし、その武器をさらに良くしていくことが青山さんの仕事なんだ。

青山さんにはリーダーとしての責任がある一方で、「ヒト」「モノ」「カネ」「情報」を使う権限が与えられているのだよ。このケースでは、与えられた「ヒト」をどう活用するかがポイントで、与えられた武器がイヤだから替えてくれ、と懇願するのは管理者としてあってはならないことだね。

あと、有給休暇に関しても申し出があれば原則拒否はできないけれど、業務に支障が発生する場合などはお互いで協議して納得した上でなら、有給取得時期の変更は可能だよ。一度副店長と話し合う必要があると思うよ。

解説　部下を活用しなければあなたはなにもできない

【人材活用力①――部下との接し方】

甲斐SVが言っているように、リーダーはチームのメンバー全員を活用し、チームとして成果を出さなければなりません。チームのメンバーの中には、いろいろな能力を持った人や個性を持った人が存在し、着任当初はあなたに対して反感を持ったメンバーや、逆にあなたに取り入ろうとするメンバーがいることもあるでしょう。

リーダーにとっても、特に、自分が着任するチームのメンバーがどんな人たちなのかは興味があるところで、先に他の人からメンバーの情報を得ようとしたり、過去の評価をもとに把握しようとしたりすることがよくあるのですが、決して先入観を持たずに、自分で実際にコミュニケーションをとって接するべきです。

部下も人間であり、日々悩みながら、またはとまどいながら働いています。ときにはあなたは上司として、愚痴を聞かされることもあるでしょう。しかし、それを愚痴ととるか、部下からの提案ととるかで、部下のモチベーションも大きく変わります。この金田副店長からのメールをどうとるかで、彼があなたの強力な武器になるか、それとも、ただ重たい荷物になるのかが変わるのです。

これからのグローバル社会では、今回のケースのように年齢だけではなく、人種や民族の違い、宗教などの異なった、さまざまな部下があなたの下にあらわれるでしょう。価値観や仕事に対する考え方もこれからさらに多様化します。このような場合に、従来の指示や命令などでは確実な成果が望めない場合が多く、指示の出し方もその部下のタイプに合わせて使い分ける技術が要求されます。

たとえば、プレゼンテーション資料の作成を依頼し、ほぼ完成レベルではあるがもう一つグラフを追加したいとき、部下にどのように修正を依頼するかで部下のモチベーションに大きく影響します。

「ここにグラフを入れろ」で部下がモチベーションを下げずに指示をこなしてくれればいいのですが、

「それなら最初からそう指示をしてほしい」

「私は入れないほうがよいと思うのだが……」

「この上司は年配者に対して指示の仕方を知らない」

などと相手が感じれば、与えられた仕事に対して熱意も湧きませんし、満足感も得られません。少し言葉の使い方を変えるだけで絶大な効果を得ることができます。

たとえば、

「ここにグラフを入れるとさらに良くなると思うのだが……意見を聞かせてほしい」

「素晴らしい資料なのだが、もう少しビジュアルで見ることができれば助かるのだが……」

「ここにグラフを入れることは可能かな」

など、さまざまな指示の出し方が考えられます。

このように、ヒトはあなたにとって強力な武器になったり、重い荷物になったりと変化します。部下の能力値が低いと愚痴をこぼすリーダーも存在するのですが、多くの場合、部下が悪いのではなく、部下を使えない、または使いこなせない上司のほうに問題があるとまわりは見ます。

部下の能力を最大値に引き出すには、部下が仕事に対してどのような興味ややりがいを感じているか、そして5年後、10年後、仕事を通じてどのような自分をイメージしているかを、面談などを通じて聞き出すことが大事です。

しかし、相手が信用できないと、なかなか自分の考えていることを話そうとはしないでしょう。そこには部下との信頼関係を構築するという前提があります。信頼関係を築いた上で、お互いが満足感を持ちながら、仕事の質を良くしていくことができるのです。

たとえば金田副店長は、将来どのような仕事をしたいのか、何を望んでいるのかを面談で聞くことで、たとえば「もう一度店長に戻りたい」という本人の希望があるのなら、それが本人の努力で可能であることを諭したり、そのためには何をするべきかを相手の気持ちになって考えたりすることで、心を開くことができるはずです。

しかし、間違っても相手にこびたり、特別扱いしたりしてはいけません。教育と不公平は別物ですので、注意が必要です。

【問題発見力①—問題点の抽出】

案件処理の発射台として、問題発見力が必要です。すべての案件は問題発見から始まるからです。問題発見ができないと何を解決するべきかもわからず、そのあとの意思決定もおこなえません。

たとえば、このケースでは問題点をいくつ発見できたでしょうか。

もう一度、問題発見をするつもりで案件内容をふり返ってみましょう。

・副店長が自分に対し、良い感情を持っていないこと

上司として気になることではありますが、もちろんそれだけではありません。

・12月21日から24日まで副店長が有給休暇を取得しようとしていること

これは、どうして問題点と言えるのでしょうか。

ケーキ屋と言えばクリスマスは忙しいから……という感覚的な裏付けではいけません。

このあとで出てくる案件10の中で、クリスマスは寝泊まりしなければならないほど忙しいという情報があります。これらを組み合わせることで、問題点として浮き上がってくるのです。

・残業削減という理由で副店長が帰宅したこと

これは、この事実を問題としてとらえる側面によって、問題の定義が変わります。

たとえば経費管理という立場でとらえると、このような大事なときにも残業削減を実行しなければならないくらい、経費管理が厳しい状況になっているのか？　と新たな問題が見えてき

ます。また金田の判断の妥当性という観点からとらえると、残業管理はあるものの、判断の優先順位づけについて、問題点を見いだすことができます。

　このように、問題意識の持ち方によっては多くの問題点を発見できます。特に管理者はみずから問題を発見してそれを解決する姿勢が重要です。多くの問題点を抽出し、それらを分類することによって本質的な問題点が見えてきて、精度の高い案件処理に結びつくのです。

第３案件で特に発揮したい能力

・人材活用力
・問題発見力

第４案件

「ライバル店出現?」

Eメール（未読）

差出人	京東電鉄　東京中央駅　小売運営部　松本　勝二
題名	【参考】駅前コンビニ跡地について
宛先	東京中央店　店長殿
CC	
送信日時	201X 年 12 月 07 日　20：12

多摩洋菓子株式会社
東京中央店　店長様

お世話になります。京東電鉄の松本です。
実は本日、地元の不動産業者と話していて気になる情報が入りました。
駅前のロータリーのコンビニエンスストア跡地に、
大手洋菓子チェーン「ミケスイーツ」が入店するとのことです。
すでに契約を済ませているらしく、早ければクリスマス前に
オープンするとの噂です。
御社のご商売の障害にならなければよいのですが。
とりあえず情報まで。

松本

あなたならどのような判断・行動をとりますか？

1	内容を確認し、対策を研修中に考える。
2	京東電鉄の松本に、なんとかして出店を食い止めてもらえないか懇願する。
3	上司をはじめ、本社の全部署、周辺の店舗などのあらゆる部署にこの不利な状況を少し大げさに伝え、対策を考えてもらう。
4	副店長に事実確認をして、まず上司や本社の関係部署、店従業員に速報として情報共有をおこなう。

あなたが選んだ選択肢は

青山みあの判断　4

うわっ、最低！　よりによって私が着任するエリアにライバル店ができるなんて……。

落ち込んでもいられないわ。なんとかしなくちゃ。えーっと……。

そうだ、まずは上司に連絡をしてなんとかしてもらおう。……いや、店長は私だから自分でなんとかしなくちゃ。どうしたらいいんだろう。

そう、そもそも本当にライバル店が出店するかどうかをたしかめてから、対策を考えるべきだわ。まず金田副店長に、調べてもらおう。上司の営業部長にも速報として情報を送ろう。そうそう、商品部とか営業部、あ、忘れてた、甲斐さんにも送っておこう。何か手掛かりを教えてくれるかもしれない。クリスマス前に本当に出店すれば、お客様の数が減るので、各チーフにも情報として送っておこう。

甲斐からのアドバイス

青山さん。うまく情報共有ができたようだね。組織内のどこがその情報を必要とするのかを考えて、情報を配信することを情報共有と言うんだよ。これからも青山さんには、現場からの情報や、外部からの情報、そして本社や上司など、マネジメント側からの情報が多く入ってくると思う。いわば情報の交差点に立っているのだね。青山さんはその情報がスムーズに目的地に届くように交通整理することが必要になるのだよ。

この情報共有の際に気をつけなくてはならないのが、まず情報の正確さだ。情報の中には信ぴょう性のないものや、出所がよくわからないものもたくさんあり、まず情報の正確さを確認しなければならない。次に、その情報を誰に伝えるかも大事だよ。よく、深く考えず一方的に多くの人に情報を流す人がいるけど、その人にとってまったく必要のない情報を流されても、ただの迷惑メールになってしまう。たとえば一つの部署が1日に3件メールを現場に流すとしよう。流す側からするとほんの3件でも、本社に20の部署があれば1日60件のメールが現場に届くことになってしまうよね。だから情報を流すときには、本当にその情報が必要なものなのかをよく考えて、受ける気持ちで情報共有するべき部署や人を選ぼう。

最後に情報は生ものです（青山さんはいつも生ものを扱っているからわかると思いますが……）。ある程度確実な情報とわかったら、速報として必要としている人に知らせよう。

確実な情報収集をしてから……と、情報をためておくと、使い物にならなくなったり、何かに対処するときにすでに被害が大きくなっていたりする。そして情報を流すことで、受け取り手が別の情報を持っていれば、それと組み合わせてより精度の高い情報に変化することもあるんだ。

解説　誰に伝えるべきか、情報共有の秘密

【情報活用力】

リーダーには、日々いろいろな情報が大量に集まります。リーダーは、その中で本当に必要な情報を取捨選択し、かつ、自分だけではなく、その情報を配分する役割を担っています。流れる情報が多すぎても少なすぎても、組織はうまく作用しません。たとえば、情報が多すぎて処理が追いつかなかったり、情報の海で迷子になって、結局ほしい情報が見つからなかったりなどという事態が企業ではよく見られます。

そのために組織の情報の交差点に立っている管理者やリーダーは、その情報の質や内容、出所と信ぴょう性を十分に把握する力と、その情報を活用する力が求められます。

情報を質という特性でとらえると、

・定性情報
・定量情報

の二つがあります。

定性情報とは簡単に言うと、受け取り方によって意味の異なる情報です。

たとえば、「あなたの自宅は駅からどのくらい離れていますか？」と聞かれて、「駅からすぐ近くです」と答えるとします。これは定性情報です。〝すぐ近く〟という表現は、受け取り方によって意味が異なるからです。ある人は駅のロータリー付近とイメージするかもしれません。またある人は駅からバスに乗って、一区間くらいの距離をイメージするかもしれません。

定性情報は主観が入るため、情報の質を歪めることがあり、重要な判断の根拠としてはあまり向きません。

一方で定量情報とは数字などの決まった尺度で表現された情報で、右の例であげると、「駅から徒歩で7分」などというように、誰が聞いても徒歩で7分かかると理解できます。共通の尺度ですので正確な情報伝達ができるのです。

この定性情報と定量情報は、日々の暮らしの中でもよく使われます。たとえばインターネットなどで電車の乗り継ぎ案内を調べると、駅から駅への移動も「○分」と表示されます。「すぐ近く」や「歩いてすぐ」などという表現はされません。さらに最近は「○分」という表示も、個人の歩くスピードによって変わるので、自分の歩くスピードを「速め」「遅め」などと選択することで、目的地に到着する予想時間の精度をさらに高くするソフトが出るなど、時代は超定量情報化されていると言えます。

定性情報も悪いわけではありません。定性情報は「きれい」や「素晴らしい」、「美味しい」といった感情を表現し、人の感情に訴えるときに良い情報です。コミュニケーションをとる際に人間関係の緊張を緩和させるなどの効果もあります。このようなときに逆に「定量情報」を使うと、興ざめすることがあります。

しかし、組織の命運を握るリーダーの判断には、定性情報より定量情報を使うことが求められます。インバスケットでも、判断の根拠としてどのような情報を使ったのかは評価のポイントです。また市場に出まわっている情報の多くは定性的なもので、これらを定量情報に置き換える行動がとられることが望ましいのです。

このケースでは「早ければクリスマス前に……」という情報があるのですが、クリスマス前とはいつなのかによって、あなたのお店に与える影響は大きく変わります。したがって定量情報を得るという事実確認行動が必要です。

この選択肢には、具体的な情報収集行動については書かれていませんが、得たい情報によっては情報収集行動が変化します。私たちのまわりには先ほどの「定性」「定量」といった情報に加え、すでに世間に出まわっている「顕在情報」と、世間に出まわっていない「潜在情報」の2種類があります。

顕在情報とは、たとえば新聞、雑誌、そして今お読みの書籍などの、どちらかと言えば、発信されている情報です。一方で潜在情報とは、自分で探しに行って獲得する情報です。

たとえば転居先を選ぶときに、不動産会社などから出されている情報は顕在情報です。またインターネットで地名を検索するといろいろな情報が掲載されていますが、これらは顕在情報です。一方で、転居先の近所の人に住み具合を聞いたり、自分の足で付近を歩きまわり、詳細を調べたりするのは、潜在的な情報と言えます。

企業などで社運を賭けた新商品の計画を立てるときに、顧客にアンケートをとったり、社内のモニター調査を実施したりするのは、潜在情報を得るための行動です。

重要な案件を判断するときには、潜在的な情報をとる行動がよくとられます。さきほどのライバル店がオープンするという情報をより確実にするためには、たとえば取引業者に確認することや、直接ライバル店に問い合わせるなど、みずから正確な判断をおこなうために情報を集める行為が評価されます。

【リスク察知力】

今後、損害が発生する可能性を、リスクと言います。インバスケットでは、一時しのぎ的に乗り切ろうとしがちなのですが、案件はつねに時間とともに変化します。今はたいしたことのない案件でも、将来は大きなリスクになる可能性もあり、リーダーとしてはこれらに対して何らかの意思決定やその準備をすることが求められます。また、今、発生している問題が、さらに今後、別のリスクを生み出す可能性もあるのです。

インバスケットの案件処理内容からこうしたリスクを察知する能力と、それに対応する能力を、どれだけ発揮できているか観察することができます。

余談になりますが、リスクは「危険」「おそれ」などと言って、できるだけなくさなくてはならないものと考えられることも多いのですが、リスクの語源は諸説あるものの、アラビア語の「明日の糧」であると言われ、将来の目標を達成するにあたっては進んで冒すべきものともとらえられます。あまりにリスクをおそれると組織が硬直化するばかりではなく、機会を失うことにもなりかねません。

インバスケットでも、何らかの対策立案が求められたときには、必ずリスクをともないます。しかし、そのリスクを軽減できる対策やリカバリー策を用意することで、できるだけリスクを軽減した、有効な対策が出せるのです。

第４案件で特に発揮したい能力

・情報活用力

・リスク察知力

第５案件
「不公平です!!」

手紙（未開封）

青山店長様

前略

進物を担当させていただいている二階堂真由美と申します。

今後ともご指導のほど、どうぞよろしくお願いいたします。

早速ですが、ご相談がございます。

それは従業員更衣室のロッカーの件でございます。

ご覧いただいたと思いますが、洋菓子部門のロッカーだけが先月新しく入れ替えとなり、私ども進物部門のロッカーは古いままでございます。

私は古いロッカーがどうと申しているのではありません。

同じお店の中で洋菓子部門だけが優遇されていることに、会社としてどのように考えられているのかをおうかがいしたいのです。

若い子はなかなかこのようなことを口にはしませんが、私はこのお店での母親代わりとしてあえてご進言申し上げた次第です。

かしこ

追伸：金田副店長にご相談しましたところ、新しい店長に相談しろ、とのことでしたので筆をとりました。

あなたならどのような判断・行動をとりますか？

1	わざわざ店長として判断をくだす必要がなく、またこれは店長と従業員の間を調整する副店長の仕事であることから、副店長に一任する。
2	二階堂に対して、会社の経費の関係上、従業員すべての満足を満たすことが難しいことを説明し、理解を求める。
3	不公平が生じると従業員の士気にも影響する。したがって副店長にすぐにロッカーを新しくさせる。そして二階堂に対して安心するように告げる。
4	二階堂に問題提議についてお礼を言い、良い職場環境をつくるために善処したい旨伝え、お店の他の問題についても聞きたいので着任後面談したい旨伝える。

あなたが選んだ選択肢は

青山みあの判断 4

ふーん。よくある話ね。まだロッカーが個人別にあるからいいじゃない。三ツ谷店なんか、二人で一つのロッカーを共有よ。ま、それはおいといて……でも、この二階堂さんの気持ちもわかるわ。どちらか一方だけを変えると不公平になるのに、気がまわらない副店長ね。女性はこんな些細なことでも、やる気をなくしたり大切に扱われていないと感じるのよ。

ともかくこの二階堂さんという人は今後の女性従業員のキーパーソンになりそうね。こうやって不平を言ってくるということは、やる気や自信の裏返しのことが多いし、このお店の人間関係をはじめ、いろんな問題点を知っていそうね。まずはこの人と信頼関係を築くのが第一歩かな。

甲斐からのアドバイス

さすが青山さん。人間関係の形成、特に女性従業員をまとめることに関しては僕の出る幕がなさそうだ。

リーダーにはメンバーが働きやすくするための環境整備をする役割があるんだよ。たとえば、労働災害を予防するために、従業員に「ヒヤリ」とした経験や「ハッと」したことの有無などをたずねる「ヒヤリハッとアンケート」をおこなって従業員の安全を守ったり、物理的な安全だけではなく、メンタルヘルス、つまり心の健康状態を気にかけたりすることも、管理者の役目なんだ。

つまり、みんなが快適に働ける環境を維持することが大事なんだね。

一方で、職場には必ずリーダー格の人物がいるもので、それが上位役職の人間とは限らない。このリーダー格の人物は職場に対する愛着が強く、良い面を引き出せばチームの統率をとる重要な人物になるし、逆に扱い方を失敗すると、青山さんが孤立したりもしかねないね。ただ、このケースの二階堂さんは問題意識を持っているので、青山さんの判断どおり、お店の問題点をいろいろ聞けるチャンスかもしれないよ。

解説　部下からの不平は問題解決の貴重な情報

【組織形成力①──組織運営の仕組みづくり】

先の案件で人材活用力を説明しましたが、今回もこの二階堂という女性従業員をどのように活用していくかがポイントになります。

今回はさらに高度な技として、個人の力を組織の力に変える「組織をつくる」という手法を紹介します。

組織をつくることを組織形成と言います。組織形成と言うと難しい言葉ですが、あなたも小学校のころ給食当番や図書委員などの役割を一度は経験されたことがあるでしょう。ある目的を実行するために組織の中に別の目的集団をつくり役割を与えることも、組織形成と言えます。

実際の職場の中ではQC（Quality Control＝品質管理）サークルやプロジェクトなどがそれにあたりますが、組織のリーダーとして何らかの組織をつくることは、それほど難しくはありません。このケースでは、たとえば二階堂を職場環境改善のリーダーに任命して、数名のメンバーで活動させることで、組織形成ができます。この組織やグループが成熟すれば、自主的にかつ自発的に問題解決を目指すことができます。あなたは支援者として、またオブザーバーとして参加し、誤った方向に行かないか見守り、また、障害が発生したときには助言者として振る舞えば良いのです。

またリーダーとして最も重要な組織形成は、自分がいなくても円滑に運営できる組織づくりです。リーダーがいなくなった瞬間に組織が運営できなくなってしまうのでは困ります。仮にリーダーがいなくなって組織運営に支障が出たときに、「やっぱりあの人がいなければダメだな」と思われると信じ、自己満足に浸っているようではリーダー失格です。逆にそれは組織や仕組みをつくる能力がなかったと言っているようなものだからです。

この場合は、みあは明日から研修で長期不在ですので、店長つまりリーダーが不在となるのです。したがって、リーダーがいない間の組織づくりをおこなう必要があります。副店長が店長代理となるのであれば、どちらかのチーフを副店長代理として指名することも一つですし、また、それ以外に、このケースのように職場改善活動を提案し、着任までに問題点をリストアップさせることを指示することも、本人の能力活用です。さらに、それに対する自身の考えた対策を盛り込ませると、問題発見から問題解決に向けた能力開発を目的とした教育的指導にもなります。

リーダーとしても組織をつくり上げることで、責任が明確になり、より一層、その案件の処理が進むなどのメリットがあります。

【問題発見力②――表面的な問題発見】

二階堂の主張のどこに問題点を感じるかによって、今後の解決方法の展開も変わります。

インバスケットでは、案件内のどの部分に問題を発見するかで、案件の処理方法が大きく変わるので、問題発見のとらえ方が案件処理の方向性まで決めてしまうのです。

もし問題発見のステップで、表面的な問題発見しかできていないのであれば、処理の方法も表面的な案件処理で終わるということです。

この案件の場合では、ロッカーが古いから不満を持っている、というところを問題点ととらえたならば、ロッカーを新しくするという解決法に向かってしまいます。

しかし、それは表面的な問題で、実はメンバーにはもっと根本の部分で不平不満があり、それがたまたまロッカーの件で表面化したというふうに問題点をとらえると、解決策も大きく変わります。

つまり、リーダーに求められる問題発見力とは、表面的なものではなく、本質的な問題発見なのです。このケースにおいても、たとえロッカーを新しく変えたとしても、次から次へと同様の問題が発生するはずです。本質的な問題を解決しない限り、いたちごっこになるのです。

多くの場合、このような問題発見をしたとしても、

「解決には長い時間がかかるので、今度じっくり考えよう」

「また発生してから考えよう」

などと先送りにされるケースが多いのですが、実は早めに解決すればするほど、長い目で見たときにあなたの業務の軽減にもつながります。

たとえば、頻繁にフリーズしてしまうパソコンがあるとします。

ある人は、応急処置をすればなんとか使えると考え、フリーズするたびにファイルを復元したり、また再起動したりなどの対策で使い続けます。一方、別の人は、多少時間はかかっても

早期に問題の原因を発見し、対処することで、本質的な問題を解決しました。そしてその後は同様のケースがなくなりました。

どちらの行動のほうが生産性が高いかは一目瞭然のはずなのですが、私たちは日々の業務などに追われ、前者を選んでいるのが現実なのです。

パソコンのフリーズの例は個人の例ですので、その人の生産性が悪くなるだけで済むのですが、リーダーの問題発見はチーム全体の問題となります。表面的な処理をするか本質的な解決をするかで組織全体の生産性や成果に大きく影響するのです。

一つの案件には表面的な問題と本質的な問題の両方が潜んでいることが多く、みあのとった、他の問題点も抽出するという行動は、この根本的な本質の問題を探るリーダーとしてとるべき行動と言えます。

第5案件で特に発揮したい能力

- **組織形成力**
- **問題発見力**

第６案件

「重要?　緊急?　掃除道具の発注」

Eメール（未読）

差出人	管理部総務課　山岡　正治
題名	【重要　緊急】年末の清掃用品発注締め切りについて
宛先	各店　店長殿
CC	営業部長
送信日時	201X年12月10日　17：23

To 各店店長　殿
CC 営業部長　殿

【再確認】年末の清掃用品発注締め切りについて
標記の件、以下の通り連絡いたしますので、ご対応のほど、宜しくお願い申し上げます。

記

1．主　旨
年末の清掃シーズンに合わせて、本社で一括購入する清掃用品の発注締め切りについて対応を依頼するもの
2.対象備品

備品番号	備品名	通常価格	一括購入価格
0252	ほうき	520円	485円
0255	モップ	900円	856円

3.発注方法
本日現在でまだ注文が上がってないお店は、至急、当メールの返信にて必要数をお知らせください。締め切り以降は通常価格での納品となります。
4.締切日　12月15日

以上

あなたならどのような判断・行動をとりますか？

1	今注文をしないと安く買えないので重要である。したがってとりあえず暫定で注文を流す。
2	今注文しないと、通常注文となり、値段が上がって損をしてしまう。しかし、現状がわからないので総務課の山岡に一任する。
3	締切日が近いので緊急なのだが、それほど重要ではないので副店長に一任し、その旨を上司に報告する。
4	重要で緊急と書いてあるから他の案件より優先度が高いはず。自分で該当の備品の在庫を確認して発注を流す。

あなたが選んだ選択肢は

青山みあの判断 1

これって、【重要】【緊急】って書いているわ。すぐに処理をしなくちゃいけないわけね。でも副店長はどうしてこのメールを開いてもいないのかしら。タイトルにわかりやすく【重要】【緊急】って書いてあるのに……まったく。

でも、とにかく注文をしなければ。在庫、在庫……でも清掃道具ってどこにあるんだろう。

ま、いいか、とりあえずほうきとモップ一本ずつ頼んじゃえ。えいっ。

甲斐からのアドバイス

あらら……青山さん、引っかかっちゃったね。

メールの題名だけで判断しちゃダメだよ。発信した人には重要で緊急かもしれないけれど、自分にとってそうとは限らないし、よく使う手で、とにかくすぐに見てもらうためにこのようなタイトルをつける人もいるんだ。

青山さんは今回60分という時間の中で、できる限り多くの案件を処理しなければならないのだけど、それは数をこなせば良いというわけじゃないんだよ。自分が処理しなければならない案件に順番をつけていかなければならないわけだ。これを「優先順位設定」と言い、案件を処理する順番を決めてから、計画的に仕事を進めていくことを指すんだ。

　この優先順位設定は、わかりやすく言えばどの仕事から手をつけていくかを決めるんだけど、その際に気をつけなければならないのが、期限が迫っている案件を優先度が高いと思い込むことだ。仕事の順番を決める際に、「緊急度」と「重要度」の二つの要素をちゃんと見極めよう。緊急度は時間などの軸、重要度はその案件の影響度や影響範囲、そして自分しか判断できないことなのかなどの要素と思えばいいね。

　今回のケースは、たしかに締切日が近いので緊急度は高いのだけど、青山さん自身が処理をしなければならないほど重要なのかなあ。たとえば仮にほうきとモップが一本ずつ必要だったとしよう。たしかに期限が過ぎると値段が高くなるんだけど、よく見てごらん。値段の差は、ほうきは「35円」だし、モップも「44円」だよね。この損失がどのくらいの影響を与えるかと言えば、僕はたいしたことはないと思うし、逆にこの案件で時間をとられて、他の重要な案件の処理ができなかったらそのほうが大変だよ。

　今回だけではなく、今後リーダーとして仕事をする上では、つねに優先順位をつけながら進めていく必要があるということを肝に銘じておこう。

解説　優先順位のつけ方の秘密

【優先順位設定①——二つの軸】

優先順位設定とは、限られた時間の中で、自分が処理するべき案件に順番をつけるものです。これは私たちが無意識におこなっている行動でもあります。

たとえば、朝起きてから会社に出かけるまでにすることを順序だてて考えたり、日々の業務でも、朝にその日1日のスケジュールを組んだりしますが、それも優先順位設定の考え方にもとづいておこなわれているものです。

しかし、仕事や物事の処理の順番は、意外と非論理的に判断されることが多いのも現状です。たとえば、とにかく簡単なものから処理をはじめたり、締め切り時間などの期限が決まっているものから取りかかったりと、案件自体の重要性はあまり考えられることがないのです。

次の図は「緊急度」と「重要度」の二つの軸で、案件の位置づけを考えるためのマトリックス図です。

図のAの領域には、緊急度も高く、かつ重要度も高い案件が入ります。たとえば、一般的には顧客のクレームや重大な事故、組織の運営に支障が出る出来事などがあたります。

図のBの領域には、緊急度は低いけれども、重要度は高い案件が入ります。締め切りが迫っ

第6案件
「重要？　緊急？　掃除道具の発注」

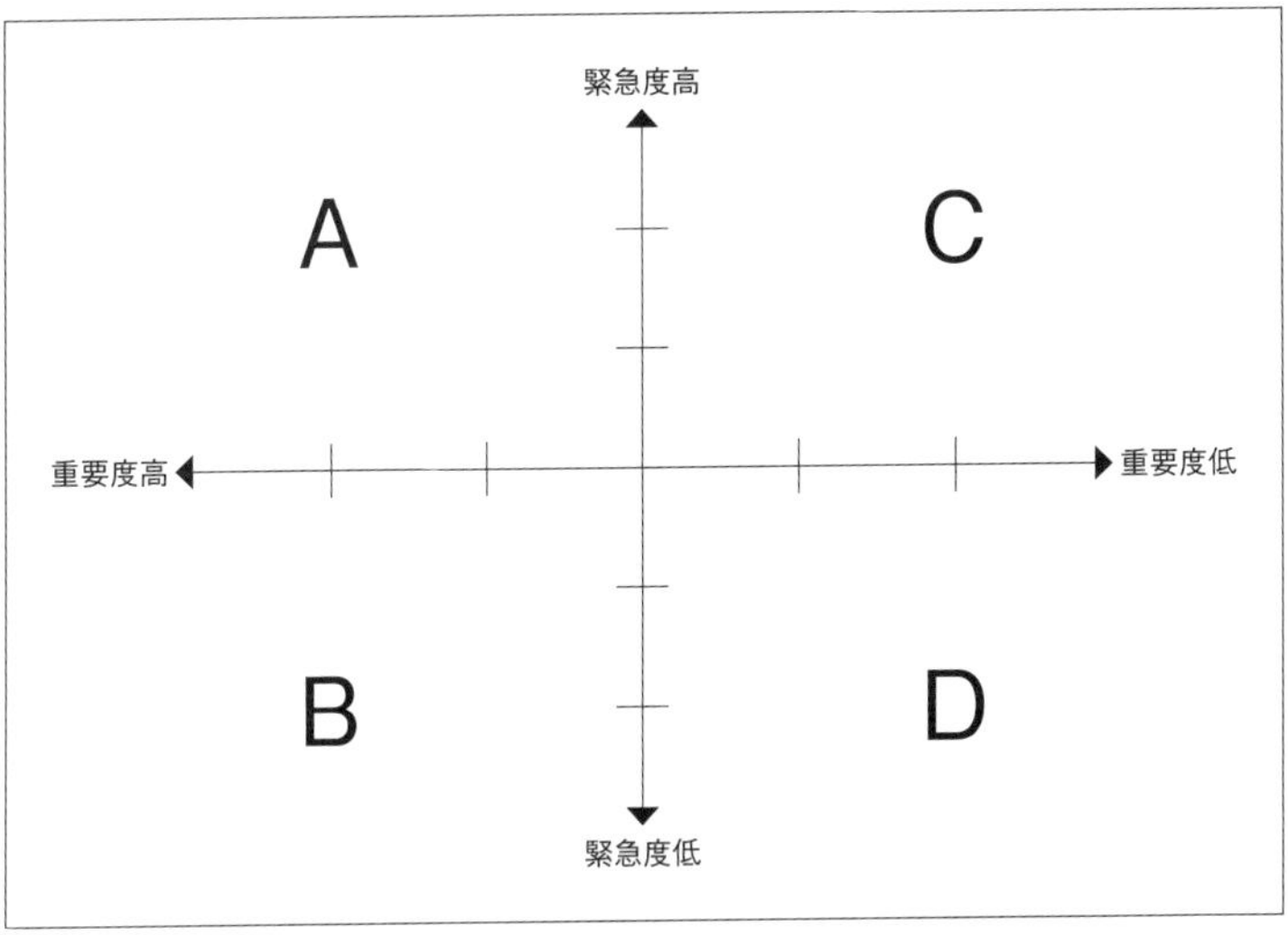

たこれらの領域には予防や教育、そして設備のメンテナンス、将来のリスク回避などの案件が入ります。

図のCの領域には、緊急度は高いけれど、あまり重要ではない案件が入ります。締め切りが迫った重要でない報告書や、組織や業務にあまり影響のない行事、社交辞令的な挨拶や行動などが入ります。

図のDの領域には、緊急度も重要度も低い案件があてはまります。たとえば、何も生み出さない愚痴の言い合いや、組織間の利己主義的な行動、現実逃避的な仕事、そして部下がやるべき仕事などが入ります。

一度、あなたが今日おこなった仕事、もしくはこの1週間におこなった仕事を、上記のマトリックスにあてはめてみましょう。

おそらく多くの方が、ためらいもなく、Aの領域にみずからおこなった業務を入れるでしょう。優先度が高いと思い込んでいることを人はおこなっているものですから、当然と言えば当然です。

しかし、ここで重要度という軸を重視することで、あなたのおこなった行動は、その多くがCやDにあてはまるのがわかるはずです。なぜそうなるのかと言うと、「優先度＝緊急度」と考えているからです。

では、本来リーダーが目を向けなければならない領域はどこでしょうか？　それは、Bの領域なのです。もちろん、Aはすでに緊急度、重要度ともに高いので、優先度は高いのですが、実はAの領域の案件の多くは、Bの領域から移動して来た案件が多いのです。したがってAの領域に移動する前に、Bの領域にある段階で、案件に取り組むことが重要なのです。

わかりやすく説明します。

たとえば、歯が痛いとします。ただ、まだ我慢できるので放置します。そしてそのうち虫歯はどんどん進行して、我慢できなくなってはじめて歯科に駆け込みます。これは、もともとBの領域にあった案件が徐々にAに移動して来たことをあらわしたものです。

では、どちらの領域で処理をおこなっておいたほうがよかったのでしょうか。もちろん、Bの領域ですよね。歯が痛くなる以前の予防という行為も、Bの領域にあてはまります。Bの領域で処理することによって、突発的な予定の変更や、処理に対するコストや労力が少なくて済むのです。

　では、あなたにとってＢの領域にはどのような事柄があてはまるのかを考えてみましょう。急に言われても思い浮かばないという方は、こう考えてみてください。

「いつかやろうと思っていること」

「時間が空いたときにやろうと思っていること」

「しなければならないが、忙しくてできないこと」

　多くの場合、このように考えている中に、Ｂの象限の案件が含まれます。

　職場であれば、

〝部下の教育はしなければならないのはわかるが、時間がない〟

〝将来の戦略を練らなければならないのだが、とりあえず今を乗り切ることで精一杯だ〟

〝よくトラブルが起こるが、その場限りの対応で終わらせて、再度起こらないことを祈る〟

などと思い当たるのであれば、Ｂ象限にほとんど目を向けられていない証拠です。

　では、Ｃの象限は放置しておくとどうなるのでしょうか。この象限の案件は放置していてもＡに変化することはほとんどありません。なぜなら、もともと重要ではないからです。もちろん、緊急度が高いので、やるに越したことはありませんが、このＣの象限を重視すると、Ｂの象限を放置することになるのです。

人間は1日24時間という共通の、限られた時間の中で、生活や仕事をしています。つまり限られた大きさの器の中に、入れることができるものは限られているのです。あなたがいつかやろうと思っていてそれがいつまでもできない理由は、ここにあります。

知らない間にCの象限の案件があなたの貴重な時間の器に入って来て、つねにあふれんばかりの、いっぱいの状態になっているのです。これではBの象限の案件を入れる余地はありません。

まずは器に空きをつくる方法を考えなければ、徐々にBの象限の案件がAの象限に移行していき、取り返しのつかないことが起き、あなたの時間の器が叩きつぶされてしまうのです。

自分からB象限の案件をこなす時間をつくらなければ、良い循環のスイッチは切り替わりません。B象限の案件を処理すれば、徐々にAの案件が減ってきます。そうすれば、さらにBの象限にあてられる時間が増え、良い循環のスイッチが入ります。すると不思議なことにギチギチだった時間に隙間があらわれ、自分のやりたいことや創造的なことができるようになるのです。

そのためには、このようにインバスケットで案件の優先順位を考えながらトレーニングし、あなたの従来の考え方を変える必要があります。やらなくても良いことと、本当にしなければならないことを区分けできると、あなた自身はもちろん、周囲やあなたのチームにとっても、素晴らしい成果を残すことができるのです。

第6案件で特に発揮したい能力

・優先順位設定

第7案件

「あの、実は……なんでもないです」

連絡ノート

~~店長様~~
~~あの、実は~~

12. 4.

ゴメンなさい、なんでもないです。

仲　あゆみ

あなたならどのような判断・行動をとりますか？

1	なんでもないと修正しているので、気にはなるが、とりあえず放っておく。
2	面談の計画を組み、何か心配事などがあれば相談するように声がけをする。金田副店長・立花チーフにも注意をして見守るように指示をする。
3	社会人として自分の意見はしっかりと自信を持って伝えるように指導する。
4	経費管理の面から連絡ノートをムダにしないように指導する。

あなたが選んだ選択肢は

青山みあの判断 2

うーん。これは何かあるな。気になるわ。着任してから一度話をしよう。どうせなら全従業員と面談する計画をつくって、彼女は早めに面談するべきね。私が不在の間に何かあってもいけないから、直属上司の立花チーフと金田副店長にも注意して見守るように、そっとメモしておこう。でも、何かあったのかしら？　気になるわ。

甲斐からのアドバイス

さすが人間関係形成のプロの青山さん。素晴らしい。

チームのメンバーの些細な行動の変化や発言から、異変を察知して相談に乗ってあげることは、リーダーとしての役割だね。

異変のシグナルを見逃さずに声がけをしてあげることは、その人だけではなく、チーム全体のあたたかい人間関係の形成の基礎になるから重要だね。

また、チームのメンバーのメンタルヘルス管理も重要な仕事だよ。メンタルヘルス管理には、メンタル面の障害を引き起こすような原因をつくらないことがまず第一だね。そのためにも、必ず朝礼やミーティングをして、個人が相談しやすい環境をつくることがリーダーの役目だね。

解説　リーダーはカウンセラー

【対人関係能力①―部下の異変に気づく】

チームのメンバーに業務を指示し、成果を上げるだけではなく、チームのメンバーに対し、尊敬や思いやりを持って接し、異変があれば相談や援助をするのもリーダーの仕事です。何か普段と違うと思ったときは、メンバーから出されている異変のサインです。

普段より元気がない、会議での発言が減った、食欲がない、ミスを多発するなど、実は多くのサインが出ていても、リーダー自身が仕事に追われていると、チームのメンバーとのコミュニケーションをはかれなくなり、異変を見逃してしまいます。

異変を見逃した結果、メンバーはメンタル面や体調面の不調を訴えて欠勤するようになったり、最悪の場合は入院や退職などにつながり、人材という貴重な財産をあなたは手ばなすことになるばかりか、そのメンバーの人生自体を狂わせてしまうことにもなりかねません。

メンタルヘルス上の障害は、主にストレスによって引き起こされます。このストレスにはさまざまな種類があり、あなたがストレスとは感じないことでも、メンバーにとっては大きなストレスになったりすることもあります。たとえば室内の温度や雑音、臭い、心理的な恐怖や怒りなどもストレスの原因になります、リーダーにはこのようなストレスの原因を除去する役割があります。そのためにも、つねにアンテナを張って、チームのメンバーの異変を察知しなければなりません。

メンバーの異変を察知する方法は、まず行動を観察することです。人間には必ずパターン化された行動があります。たとえば昼食後にいつも本を読んだり、朝早めに出社して仕事の計画を組んだりなど、人それぞれのパターンがあり、突然パターン以外の行動を見かけた場合、それは何かのシグナルかもしれないのです。言い換えれば、いつも奇抜な行動をとる人が奇抜な行動をとったとしても、それがその人にとって通常の行動の範囲内であればそれほど心配することはないのですが、逆に急に奇抜な行動をしなくなれば、いつものパターンと異なるので気にする必要があると言えます。

メンバーの異常に気づくためにも日ごろのコミュニケーションは大事です。声をかけることや挨拶をしたりすることでもいいでしょう。その際にいつもと違う反応をすることがあるなら、少し話を聞いてあげるなどの配慮が必要です。

仕組みの面では、メンバーが気軽に相談できる体制をつくることです。このケースでは、連絡ノートという手段が主なコミュニケーション手段となっているようですが、このようなオープンなコミュニケーション手段では、個人的な相談はしにくく感じるかもしれません。やはり日ごろから直接的なコミュニケーションがはかれるような体制を、リーダーはつくる必要があるのです。

第7案件で特に発揮したい能力

・対人関係能力

第8案件

「どうなっているの？　あなたのお店!!」

店長直接便（お客様からのお声）

お客様からのお声

お声の内容	ご意見（○）　ご要望　お褒め　その他（　　　　　）
ご利用日時	12　月　11　日　　19　時ごろ
お気づきの点 （ご意見）	最近、いつ行ってもまったくケーキがありません。 ケーキ屋さんにケーキがないというのはおかしいのではないですか。 さらに、昨日も19時45分ごろお店に行くと、男性の社員らしき方がケーキを入れている冷蔵庫の上に布をかぶせて片づけをしていました。 閉店時間は20時って書いてあるじゃないですか。 ちなみに私は、多摩洋菓子のパイケーキが大好きで、一度、東京中央で降りて買いに来ています。それだけに非常に残念で仕方がありません。
必ずお返事させていただきますので、よろしければお名前とご連絡先をお書きください。	お名前（　平田　正樹　）様 ご住所（　東京都東村山市西堀9-××　　） お電話番号（　　　　　　　）

ご意見ありがとうございました。
お客様のご意見は必ず社内で検討し、今後のサービス向上に活用させていただきます。

あなたならどのような判断・行動をとりますか？

1	前任者が何らかの対応をしているはずだから、目だけ通しておく。
2	すぐにお客様に対応するために、今の注文量を増やすなどして、閉店間際でも豊富な在庫を確保し、再発を防止するように副店長に指示をする。
3	ケーキは当日売り切りであり、お店の利益の関係上、お客様の要望に応えられない旨伝え、もっと早く来店していただく方向で回答するように副店長に指示をする。
4	まずお客様にお詫びと改善の約束をし、事実確認をおこない営業時間の厳守指示と閉店まで残すべき商品の選択を店内で協議するように指示をする。

あなたが選んだ選択肢は

青山みあの判断 2

あーあ……。こんなことやっているから、このお店は売上が下がるのよ。男性社員ってことは、金田副店長？　おそらく販売する商品がなくなったから閉店時間を前倒しして作業をしたのね。とにかく、お客様の声は絶対だから、今すぐに仕入量を大幅に増やして、２度とこのようなお客様の声が来ないようにしなくてはならないわ。とりあえず仕入れを2倍ほどにして、閉店間際のお客様を取りこまなくては……。

甲斐からのアドバイス

おいおい、青山さん。ちょっと待って。

そんなことしたら、廃棄が増えてしまうばかりか、お店の作業計画も混乱しちゃうよ。たしかにお客様のお声はごもっともで尊重しないといけないけど、一方ではお店の利益を確保して運営を継続するのもリーダーの役目だよ。そのためにも、まずは実態を確認してから判断したほうがいいよ。

解説　お客様からの声と店の利益、どちらを優先するべきか

【問題発見力③―あるべき姿からのギャップ】

問題発見にはさまざまな形があります。このケースは、あるべき姿からギャップが発生したケースです。このあるべき姿とは、リーダーが一定の尺度で決めたイメージです。

たとえばあなたが通信販売で魚介類を購入したとします。しかし届けられた魚介類の鮮度があまり良くないとしたら、あなたはどう思うでしょうか。おそらく、がっかりするか憤慨するでしょう。なぜならば魚介類は新鮮でなければならないというイメージがあり、その点で現実とのギャップが発生しているからなのです。仮に、魚介類は少し鮮度が落ちたくらいが味が出て美味しいというイメージを持った人なら、あまりギャップがないので問題は発生しません。

つまり、あるべき姿の持ち方によって問題点のとらえ方は大きく変わります。

このケースの場合、たとえば「ケーキ屋さんにはつねにケーキがあるべきだ」と、あるべき姿をとらえると、ケーキがないということが問題点になります。「お客様の要望すべてに応えなければならない」と、あるべき姿をとらえると、お客様の要望をすべて満たすことだけを目指した対策立案になります。今回のみあの考えはこれに近いようですが、一方であるべき姿というものは、一つの要素だけで成り立つものではありません。つまり「お客様の要望は満たす

べきだが、一方では利益も確保しなければならない」などといくつかの要素でバランスを保ちながら、あるべき姿を決めなければならないのです。

特にリーダーは内部だけではなく、外部や会社の視点から見たあるべき姿なども含めて、多くのあるべき姿から自分の方向性を見いだすことを求められます。

このあるべき姿の偏りが大きければ、一つのあるべき姿は満たせても、他のあるべき姿は満たせなくなります。つまり、利益がすべてであるというあるべき姿を掲げた場合は、顧客志向がなくなり、顧客は離れていくでしょう。逆に、顧客志向だけを重視すると利益がなくなり、組織の運営が成り立たなくなるのです。

リーダーはこのように難しいかじ取りを迫られるわけですが、そんな中でリーダーとしてあるべき姿の方向性を打ち出して、チーム全員に浸透させなければなりません。チームはあなたが考えたイメージで業務を進めていきます。チームが進めているイメージとかけ離れた現象や行動が起きたときに、あるべき姿からのギャップが発生し、問題となるのです。

また、このケースには大きく分けて二つの問題が存在します。まずはケーキが品切れしていること、次に営業時間中に閉店作業をしていたことです。この二つの問題にみあは気がついてはいるものの、一つの問題点と解釈してしまいました。「ケーキがなくなった」と「閉店を前倒しした」という事実を一緒にしてしまうことで、「閉店を前倒しにしたのは仕方がない」という結論が出て、「ケーキがなくなった」という問題点だけの解決法になってしまいました。

しかし、これらの問題ははたして一緒に考えてもいいのでしょうか。

たとえば、ケーキがあれば閉店時間まで営業をしていたのか、という疑問も考えられます。

つまり、ケーキがあってもなくてもその問題が発生するなら、それらはまったくの別問題ととらえることができます。したがって、このケースの場合は「ケーキがなくなった」という問題と、「閉店時間を早めた」という問題を別に考え、リーダーとして分析をおこなう必要があるのです。

【能力の発揮度】

インバスケットでは、解決策の判断や意思決定までのプロセスを評価します。そのプロセスとは次ページの図のようになっており、このプロセスを一つでも飛ばして判断をおこなっていないかをチェックすることができます。

たとえば問題発見をして、すぐに過去の経験やとっさの思いつきで判断をするタイプや、問題発見をしたものの、どうするべきか悩んで先に進まないタイプ、そして問題発見、問題分析をおこなって選択肢を出すものの、選択肢の数が多すぎて、結局意思決定ができないなど、人

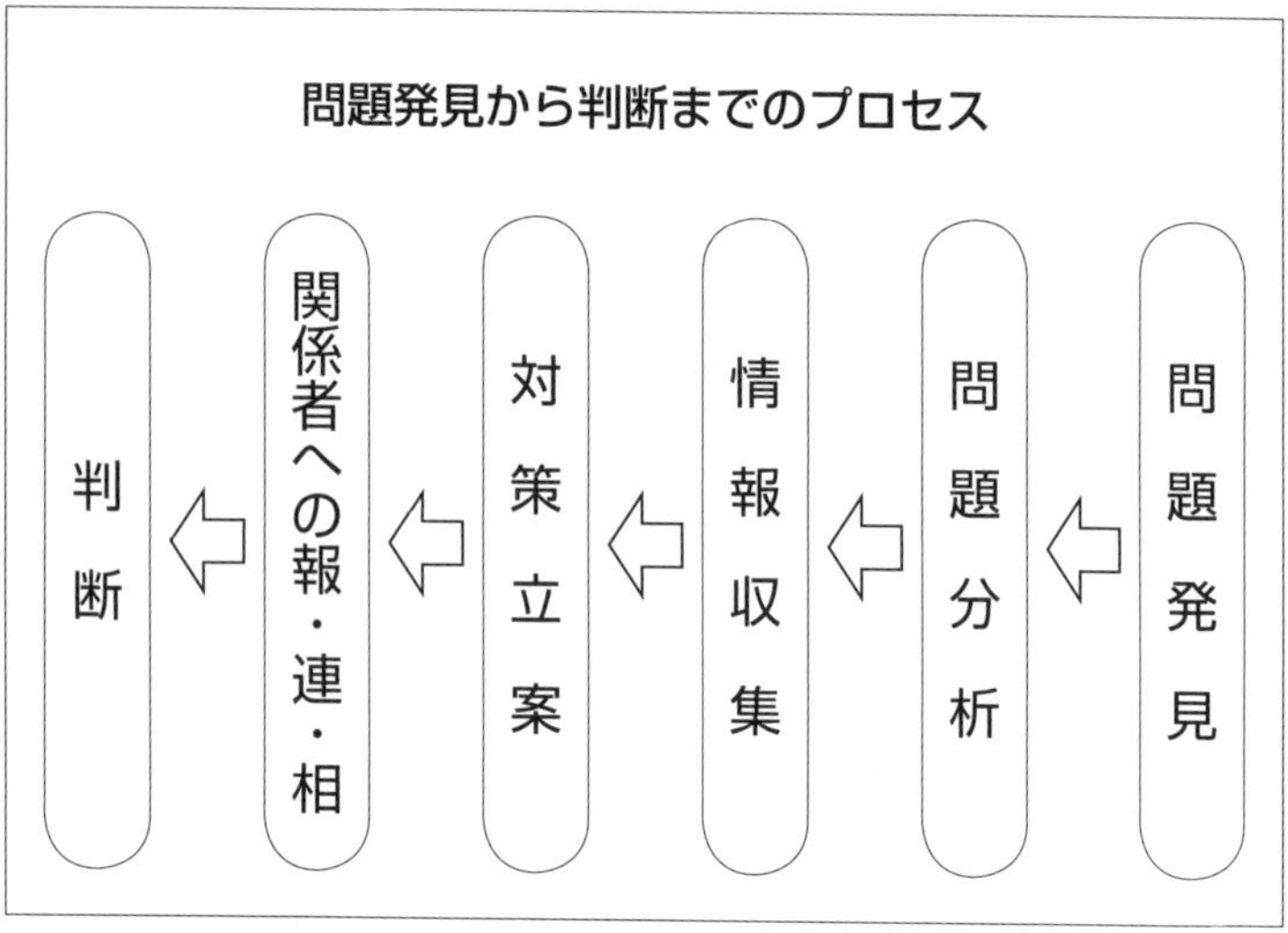

それぞれの意思決定スタイルがあります。

　また、意思決定には、問題発見力などの単独の能力ではなく、案件処理に必要な各能力が連動して発揮されることで、良い意思決定へと向かいます。

　各能力の発揮度にバラつきが多いと、良い意思決定にたどりつきません。

　たとえば、問題発見から情報収集までは比較的スムーズにプロセスどおりおこなわれていても、対策立案の際に創造力が発揮できなかったり、情報収集だけで満足してしまったりすると、良い意思決定まで行きつかない可能性があります。したがって、あまり実力が発揮できないプロセスを強化するトレーニングをおこない、安定した実力の発揮度を目指す必要があるのです。

　逆に言い換えれば、発揮できていない能力を伸ばすことによって、良い意思決定をおこなうことができるのです。つまり、リーダーはある能力が突出していることを求められるのではなく、一定の、安定した能力の発揮度が望まれるのです。

インバスケットではスコアリングという技術で、受験者の回答を各能力別に点数化していきます。そして他の受験者と比べたり、またはその人の能力別の比較をおこなうなどし、その人が持つ意思決定スタイルなど、独自の特性を調べるのに活用します。

インバスケットでは各能力の発揮度を見るだけではなく、潜在的な能力の発揮度も見ることができます。普段、専門職であまり人と接する機会がない方も、実は素晴らしい対人関係能力を持っていたりすることが発見できる場でもあるのです。

【指導力①―叱る力】

最近は草食系の管理者やリーダーが増えていると言われています。部下を傷つけたくない反面、自分も傷つきたくない人が増えているようです。

しかし、誤った行動やチームに障害を与える行動や言動に対して、叱るなどの適切な指導をしないままでいると、チームの規範やモチベーションに大きな影響を与えるばかりではなく、その本人の成長も阻害します。

もちろん叱るにも段取りというものがあります。現象を見て感情的に叱るのではなく、相手の言い分を聞いて、発生した事実に対して叱ることが大事です。また、その叱る内容に、その人を育てるための意図が含まれていないと、あなたの意思は伝わらないでしょう。

たとえば、

「なぜこんなミスをしたのだ。係長失格だ！」

よりも、

「係長ともあろうものが、このようなミスをしては困る」

のほうが相手により伝わるのではないでしょうか。

このケースでは「男性の社員らしき人が閉店作業をおこなっていた」とあります。

組織図上では、男性の従業員は副店長の金田しかいませんが、この時点で断定をするのではなく、事実確認をして、もしその男性が副店長であれば、事実に対して厳しく指導しなければなりません。

【意思決定力②――取捨選択】

このケースのように現在も問題が進行中と思われる案件には、何らかの意思表示が必要になります。では、顧客の立場をとるのか、お店の経営者の立場をとるのかという選択になりがちなのですが、この場合は両方の立場を尊重しつつ、取捨選択が求められます。

ここで言う取捨選択とは、どちらかの立場をとって、どちらかの立場をなくすということではありません。妥協点をはかる取捨選択です。

このケースでは、お客様の要望に答えつつ、一方でお店の利益を残す方法を考える中で、すべての種類のケーキを閉店までは置けないが、ある種類だけは必ず閉店まで残しておくという考え方ができます。

たとえば、「ある携帯電話会社に入ればパソコンが０円でついてくる」や、「新規加入で数カ月無料」という考え方も、売る側からすれば、ある意味、損をするところは損をして、その代わり利益をとるところではとるという取捨選択型の意思決定です。

また、お昼のピーク時を過ぎた回転寿司屋さんに行くと、メジャーなお寿司だけが決まった数だけレーンに流されていることがあります。これも、すべての種類は流せないけれども、最低限必要なものだけ流すという取捨選択の一つです。

これらはリーダーの意思決定にかかっています。あいまいな意思決定だと、メンバーもどうすれば良いのかよくわかりません。

「お客様が満足するように、利益を確保するように対策を考えなさい」

この意思決定は正しくありません。こう指示されて対策を考えられるメンバーがいるのであれば、リーダーは不要とも言えます。

さらに選択肢2のように極端にどちらかに偏るのも、リーダーとしては考えものです。リーダーはさまざまな視点から多面的に考えて、みずからの意思を決定するべきなのです。

第8案件で特に発揮したい能力

・問題発見力
・能力の発揮度
・指導力
・意思決定力

しょうか。

洋菓子部門　立花　碧

↓

立花チーフへ
ありがとうございます。
奈々のことをほめてくれて超ハッピーです！！
やっぱりとろけすぎですねえ。

柴田　奈々♥

第９案件

「本社指定商品が売れない」

連絡ノート

立花チーフへ　　　　　　　　　　　　　　　　12・9・

やっぱりムリっぽいです。
とろけるミルクケーキ、全然売れてくれません。
今日も10個、ごみ箱ちょっこーしてしまいました。
このままだと奈々の頭がとろけちゃいます！
これやめて、スーパープリティレアチーズを並べたほうが
絶対いいですよ！

柴田　奈々♥

↓

金田副店長殿

今回ばかりは柴田さんの言うとおり、当店では「とろけるミルクケーキ」の販売は厳しいのではないでしょうか。

原因として、当店は駅中の店舗ですので、お客様がご自宅までお持ち帰りになられる時間が長く、持ち帰り中の温度管理が難しいことが考えられます。それに持ち運び中に形が崩れやすいのもお客様が避ける原因です。

本社指定商品は必ず売らなければならないことは承知しておりますが、お客様の立場から、温度管理面と持ち運びしやすい容器の開発など、商品部に相談をしてもよろしいで

あなたならどのような判断・行動をとりますか？

1	会社の方針であることを納得させ、他の方法で売れないか店内で協議をさせる。そして立花の提案どおり商品部に相談をさせるが、金田副店長にも支援をさせる。
2	会社の方針ではあるが現場の声を優先させるべきであり、すぐに販売を中止させて、他の商品を拡販し売上を確保する。
3	本社の指定商品は会社の方針であり、どのような理由でも置かなければならない。したがって現状のままにしておく。
4	売れないのは商品自体に問題があるので、本社の責任でも、お店の責任でもなく、商品を開発した部署の責任であるので、立花に商品部に一任するように指示をする。

あなたが選んだ選択肢は

青山みあの判断 1

あれ、この商品、三ツ谷店ではよく売れていたんだけどなあ。でも、たしかにエキナカ店舗では持って帰りにくいし、売れないのかも……。いっそのこと販売をやめちゃうかあ。いや、でもこの商品は本社の商品説明会で、社運を賭けた商品だとか言ってたような気がするなあ……。うーん、やっぱりみあも店長だから会社の方針をみんなに納得するように説明して、どうしたら売れるのかをみんなに考えてもらおう。きっといい案が出るはずだわ。立花さんは前向きに提案してくれているので、商品部に相談に乗ってもらうように伝えよう。でも本来はこんなことは副店長が考えるべきでは……。えい、副店長にも牽制球を投げておこう。〝手伝ってあげてください〟っと。

甲斐からのアドバイス

青山さんもこの短い時間でだんだんリーダーとしての考え方が身についてきたようだね。

現場の意見はたしかに尊重しなければならないけど、一方で管理者は会社の方針を実行するという役割を持っているんだ。だから部下に対して納得のいくように説明したり、どうすればそれが実行できるのかを一緒に考えたりする責任があるんだよ。一方で忘れてはいけないのが、会社の方針策定に関わることだ。方針を策定する段階で、たとえばその方針を実行するにあたって予想される障害などを、現場を代表して意見をする権利と責任があるんだね。

解説　本社方針と現場の声のコーディネート

【方針管理能力】

企業はいろいろな組織から成り立っていますが、その組織がバラバラの方向を向いて仕事をしているのでは、企業としてまとまりません。多くの組織が一つの方向に向かって、それぞれの役目を果たすのが組織のあり方です。どこに向かうのかが「方針」であり、企業のトップマネジメントが最終決定をします。決定された方針は徐々に現場に降りていくのですが、そのまま伝わるわけではありません。その組織のリーダーや管理者がその方針を受けて、どのような方法でその方針を達成させるべきかを、自部署に置き換えて決定します。そしてチームのメンバーは個人としてどのように活動するべきか、目標を立てるという流れになります。

こうして企業は、部署が違っても同じ目標に向かって進むことで大きな力を出すのですが、大きな組織になればなるほど、方針の徹底という問題が出てきます。そこで組織の管理者やリーダーには、方針管理という能力が求められます。

方針管理とはまず、上位者がどのような方針や目標を立てているかを明確に把握し、それを自分自身の立場で、どのようにその方針に対し目標を立てるかを置き換えることができる能力です。次にその自分が立てた目標をメンバーに伝え理解させ、それをもとにメンバー個人の目標を立てさせることです。そして最後に、その方針が実行され、進捗状態を管理できることです。

この場合の方針とは、企業が存続する間ほとんど不変である「企業理念」から、変化の多い短期的な日常業務の進め方の方針などまで、さまざま存在します。リーダーは方針を確認し、それにもとづき自部署の方針を立ててチームを運営することが求められます。

このケースの場合は、ある商品を重点的に売るという方針があるのなら、まずはそれに沿った行動をとる必要があります。その上で障害が発生すれば、上位職や方針進捗をおこなっている部署に報告・連絡・相談をして対策を考えるべきなのです。

【問題分析力―仮説力】

該当のケーキが売れないのは、エキナカという立地だからである、という仮説が立てられていますが、この仮説をそのまま信じることは良い意思決定にはつながりません。仮説を立てたのなら、必ずその仮説が正しいのかどうかを調べる問題分析が必要となります。

たとえば、雷がゴロゴロ鳴っている中、突然停電したとすると、おそらく落雷で停電したのだろうと考えがちですが、窓を開けてみると近所は停電していないのを発見したとします。この場合の「窓を開けてまわりを確認する」という行為が、問題分析力にあたります。つまり落雷が原因という仮説がはずれたのです。

選択肢にはありませんが、同チェーンのエキナカ店舗を調べると売れている可能性もあります。

しかし、仮説を立てるという行為自体は大いに評価されるべき行動です。論理的に問題解決をはかるという前提には、仮説を立てることが求められるからです。インバスケットでも仮説を立てて分析をおこなうという行動は評価します。

世の中には、仮説を立てる人と立てない人がいます。さらに仮説を立てる人も二分し、論理的な仮説を立てる人と、非論理的な仮説を立てる人がいます。

私は前職は小売業に従事していたのですが、商品の仕入れをするときにもさまざまなタイプの人間がいました。

食品メーカーのある商品展示会に行ったときです。A社員は、ある奇抜な商品を一目見て直感的に売れると確信し、商品を仕入れました。このケースは仮説を立てないタイプです。

B社員は、ある新商品の仕入れを決定しました。理由は、以前よく似た商品を仕入れたときに、爆発的に売れた経験があったからだそうです。このケースはたしかに仮説はありますが、仮説の裏付けが個人の経験であり論理的な仮説ではありません。以前よく似た商品が売れたという個人の経験によるものだからです。

C社員は、ある商品に目を向け、今の市場と顧客の嗜好の変化にこの商品は受け入れられるのではないかと考え、さらに市場動向や他社の販売動向を調べて、仕入れを決定しました。これは論理的な仮説と言えます。市場の動向や顧客の嗜好という事実に関しての仮説であり、その裏付けもとれているからです。

この仮説を立てるという行動は素晴らしい行動なのですが、仮説が仮説のまま意思決定につながると、リーダーとして非常に重大な過ちを犯してしまうことがあります。したがって仮説を立てたら必ず、それを論理的に説明する情報を集めるのを忘れないようにしましょう。

第９案件で特に発揮したい能力

- **方針管理能力**
- **問題分析力**

第 10 案件

「私、お休みいりません」

連絡ノート

副店長様　　・12・10・

大丈夫です!!
昨日お願いされた今月のシフトですが、
12月1日から12月29日までの連続出勤OKです!
その代わり12月30日だけはお休みをください!

12月23日から25日は超いそがしいので
泊まり込んでもいいですッ。
全然大丈夫です!!

がんばります!!

柴田　奈々♥

あなたならどのような判断・行動をとりますか？

1	労務管理上問題があるので、副店長に就業規則に沿った勤務体制を指示し、他の従業員の労務管理状態も調べて報告を指示する。
2	柴田は非常にがんばってくれているので、時給アップなどができないかを副店長に検討させる。そして柴田にいたわりの言葉をかける。
3	体をこわされては困るので、病院で健康診断を受けさせて問題がなければ勤務をさせる。
4	従業員のやる気をサポートするのが上司の役目。安心して泊まれるように寝具の手配を副店長に指示する。

あなたが選んだ選択肢は □

青山みあの判断 2

柴田奈々ってどこかで聞いたような……でもこの子、がんばってくれてるわね。私も入社してはじめてのクリスマスは朝早くから夜遅くまで残ってがんばったもん。楽しい仕事は長い時間働いても全然苦しくないし、先輩もほとんど休まずがんばってたから、これは伝統かもしれないわね。こんなにがんばってくれてるんだから、せめて時給は上げないとね。ね、副店長。

甲斐からのアドバイス

ちょっ、ちょっと、青山さん。それはまずいよ。

いくらなんでも約1カ月休みがなく、しかも泊まりの仕事なんて。

たしかに僕らも昔はそんな時期があったけど、それはコンプライアンス違反だよ。

それと、長い時間がんばってくれているからとか、休みの日に仕事をしていたなどで評価をするのも、間違っているよ。逆にそれらは評価の対象どころか、指導をしなければならない行為だと思うよ。もっと労務管理を勉強しなくちゃ。

解説 労務管理・コンプライアンスとは

【コンプライアンス能力】

コンプライアンスとは法令などの遵守という意味です。これは単にあなた自身が法令を守るということではなく、リーダーとしても大きな意味を持ちます。

それは、あなたのチームのメンバー全員がコンプライアンスを遵守するようにリーダーとして指導、管理し、コンプライアンスを守れる風土をつくるという意味でもあるからです。

たとえば、「働けば必ず賃金を支払う」や、「顧客をだまして売上を上げることは禁止する」というのは、どの企業でも適用される決まりです。そんな決まりがあったなんて知らない、という理屈は通用しません。たとえそうであっても、知らないあなたが悪いということになってしまいます。逆に部下が知らずにコンプライアンスを破るようなことがあっても、あなたの責任になります。

一見不合理とも見えるかもしれませんが、あなたには部下のコンプライアンス遵守を指導する義務があり、その守らなければならないコンプライアンスが何なのかを知っておくのは当然のことなのです。

【人事労務管理】

部下ができると、喜びややりがいが出ると同時に、その部下を管理する人事労務管理があなたには課せられます。人事労務管理とは、管理者の持っている資源「ヒト」「モノ」「カネ」「情報」のうちの「ヒト」にあたる部分の管理を指します。たとえば、きちんと決められた時間どおり勤務しているのかなどの時間管理、また、職場環境の整備や危険の回避、従業員の健康管理などの安全衛生管理、採用や配属、雇用といった雇用管理など多岐にわたります。

この管理はリーダーの役割で、リーダーが知らないうちに部下が働いて、知らないうちに帰っていたということは本来ありえません。このケースの場合、時間管理や安全衛生管理などが十分守られていないことが考えられますので、リーダーとしては十分に内容を把握し対策を打たなければなりません。

【危機回避能力】

「1件重大事故が発生すれば、その背景として29件の軽微な事故と３００件のその要因になりかけた事象が発生している」というハインリッヒの法則があります。これはアメリカの技師であるハインリッヒが労働災害や労働事故の発生についての経験則をまとめたものです。つまり、その1件の事故がたまたま発生したのではなく、その影には多くのよく似た出来事があり、そこに至る要因自体はさらに多く潜んでいると考えるべきなのです。

今回のケースは事故ではありませんが、これが柴田奈々だけの話とはとらえずに、他の従業員にも同じようなケースがあるのではないかと疑うのは、リーダーとして当然の姿勢なのです。

〝たまたま発生した……〟

〝今回は偶然起きた……〟

ではなく、すべて火のないところに煙は立たないという言葉のとおり、必ずそれらを誘発した原因があり、次回も必ず起こると予期しなければなりません。

そのため、どのようなトラブルや事故も、原因を究明する行動をとって然るべきなのです。

【問題発見力④――ムリ・ムラ・ムダ】

リーダーは、チーム全体の効率的な運用をつねに考える必要があります。それは与えられた資源を使って、最大限のアウトプットを引き出すことが求められるからです。そのため、日常のチームの運営にもつねに、ムリがないか、ムラがないか、そしてムダがないかの視点で検証することが望ましいでしょう。このケースの場合、連続出勤や泊まり込みの仕事などのムリが発生しており、また、柴田奈々は休みがないほど働いているのに、副店長は案件3からわかるように繁忙時にも関わらず休みを申請するなど、勤務体制にムラが発生しています。

このようにムリやムラは組織運営にとって非効率であり、リーダーは是正をしなければならない課題です。

【評価力】

今回のケースのように、がんばっている部下を、何らかの形で評価をしてあげたいという気持ちは十分わかります。しかし、それは評価のルールに反します。評価は、対象となる行動が定められています。たとえば職務以外の行動や、評価時間外の行動は評価対象にしないなどです。また、公正さとメンバーの納得感を得られるようにしないと、メンバー全体の士気に関わるばかりではなく、その人の将来を大きく歪めてしまう可能性もあるのです。

リーダーは、一定の尺度で適正な評価をしなければならないのです。

実際の職場で、今回のケースのように、熱意のあまり休日に出勤して仕事をおこなったり、サービス残業を自発的におこなう部下がいて、彼らを「がんばっている」と評価し賃金を上げたとしたら、他のメンバーはどのように感じるでしょうか。時間内で業務を済ませようと効率的に、かつ生産性の高い業務をおこなっているメンバーは、きっとモチベーションが下がるでしょう。

また、性格が合わない、付き合いが悪いなど、個人的な好みで評価することもあってはなりません。しかし本来、人を評価する際は、評価者教育を受けるべきですが、多くの企業では、管理者任せになっているのが実態です。

評価者も人間です。人間がおこなうことなので、どうしても完全に正確な評価はできないものです。一般的によく起こる評定誤差（評価時、心理的に犯しやすい過ち）を次にあげます。

・ハロー効果……一つ突出して優れているものがあると、すべてが優れていると錯覚すること
例：プレゼン資料を作らせると、彼は社内一だ。だから、彼は優秀だ。
・寛大化傾向……自分の部下に対し、実際よりも甘く評価をつけること
例：うちの部下は、全員優秀だ。
・期末考課……評価期間全体の評価ではなく、評価をつける直近の行為を評価すること
例：あいつは、先週大きな商談を成功させたから、評価を上げたい。
・中心化傾向……部下を「可もなく不可もない」というように、評価尺度の中央で評価をつけること

例：今回は全員、5段階中「3」だな。

・対比誤差……自分の行動や特性と比較し、反対の特性を持つ人間を過大、過小に評価すること

例：あいつは、俺にできないことができる。

これらを防止するためには、自分にどのような傾向があるのかを認識しておく必要があります。

補足ですが、今回のケースは賃金の差をつけるという評価は適正ではありませんが、柴田自身にいたわりの言葉をかけるという行動は、リーダーとして必要ではないでしょうか。

第10案件で特に発揮したい能力

・コンプライアンス能力
・人事労務管理
・危機回避能力
・問題発見力
・評価力

第11案件

「見ちゃいました。お店の商品を持って帰るの」

手紙（未開封）

新店長殿

シフトの関係上、来週までお会いできませんので手紙を書きました。

当部門の岩本さんから気になることを聞きました。

12月11日の閉店後、進物の二階堂さんと、森田さんが廃棄の商品を持って帰っているのを目撃したようです。

ただ、私自身が見たわけではありませんので、確証はありません。

廃棄の商品の持ち帰りは、会社の規定で禁止されております。

副店長にお話をしましたが、直接店長に報告するほうが良いとご助言をいただきました。

くれぐれも私からの情報とわからないようにお願いします。

洋菓子部門　立花　碧

あなたならどのような判断・行動をとりますか？

1	この手紙を全員に回覧して名乗り出るように警告し、本人から自主的に申し出るような環境に持っていく。
2	自分ではどうしようもないことなので、立花にこの処理をすべて任せる。
3	たしかに規則は大事だが、商品を捨てることをもったいないと思っての行為にちがいないので、その点は理解できるので今回は放置する。
4	情報を極秘扱いにした上で、副店長に事実確認をさせ着任後報告させる。また、全員に規則の厳守を通達するように副店長に指示をする。

あなたが選んだ選択肢は

青山みあの判断 4

うーん。捨てるのがもったいないという気持ちはよく理解できるけど、規則では禁じられている行為だから、心を鬼にして注意しなければ。もしこれを見逃すとさらに大変なことが起こりそう。まずは本当にそんなことがあったのかを慎重に調べなくちゃ。やはり副店長にお願いしようかしら。でも、金田副店長ならこの手紙を二階堂さんと森田さんに押し付けて確認しそうね。極秘扱いにしておくべきね。

……そっか、この件に限らず、規則を守るように全員に対して伝えれば、牽制球になって自発的に止めてくれるかも……よし、「金田さんへ　全員に再度規則厳守の徹底を指示してください」と。

甲斐からのアドバイス

うん。その対応は間違っていないと思うよ。まず事実を確認してから対応するべきだね。立花さんからの情報を極秘扱いにしているのはさすがだね。

また、全員に規則の再徹底を指示するのは、再発防止策としても有効だね。起こったあとの処理より、起こらない環境をつくることが第一だからね。

何かあったら僕などの本社スタッフに相談してみることも一つだよ。このような事例をすでに扱っていることがあると思うので、相談に乗ってくれると思うよ。

解説 不正行為・ルール違反の解決法

【リスク管理力】

リスク管理は、「未然に防止する」が原則です。起きてしまってから対応するという考え方ではありません。この事例もすでに発生したトラブルととらえることもできますが、さらに最悪の状態になる予兆ともとらえることができます。

リスク管理の考え方では、まず現実を直視することが大事です。先入観や主観を入れると現実を歪めて見てしまうことがあります。

たとえばこのケースでは、廃棄の商品を持って帰ったという行為に「もったいないと思ったからにちがいない」と主観を入れると、選択肢3のように、規則違反という事実にも関わらず放置するという、リーダーとしてとってはいけない判断につながります。実際の仕事の場面でもよくあることで、大きな不正事故が発生した場合、リーダーや管理者が一番信用していた人が不正の当事者であったというケースも珍しくありません。これは、「まさかあの人が不正などしない」という先入観や主観が入ってしまったからとも言えます。信頼している人に対しても、必ず先入観を持たずに現実を直視するという姿勢をつらぬくべきです。

次に、問題が発生したときや予兆が見つかったときの対応です。つい、責任を追及したり、犯人を探したりという刑事ドラマ型の問題解決に走ることがありますが、本来リーダーがとるべき解決法は、あくまで再発を防止するための原因追究であり、対策をつくるための解決法を探るために、チームのメンバーに協力を求めることなのです。

そして、本質的な原因を調べ抜くという姿勢です。このケースでは廃棄の商品を持って帰ったという事実ですが、多くの場合、問題には背景と複数の要因があります。その背景や要因を探らずに、表面的な事実に対してだけ対策を打つのでは、リスク管理が十分とは言えません。「なぜなのか。どうしてなのか」を3回繰り返して原因追究することで、真の原因が見えてくるのです。

たとえば、「ある従業員が仕事中にケガをした」という問題を、ケガをしたという表面的な事実だけでとらえると、ケガをしないように注意するという大まかな対策しか出てきません。そこで、「なぜケガをしたのか？」と追究することで、「高いところの荷物を取ろうとして転倒した」という原因がわかります。しかし、これだけではまだ不十分です。なぜなら、この原因からは、「高いところの荷物を取るときは気をつけよう」という対策しか出ないからです。

ここでさらに、「なぜ転倒したのか？」と深く掘り下げると、「キャスター付きのイスを踏み台にして、高いところの荷物を取ろうとして転倒した」と、より具体的な原因がわかります。

ここまでくれば、最後の詰めです。「なぜ、キャスター付きのイスを踏み台に使ったのか?」と、3回目の「なぜ?」を使います。これで、「備え付けの脚立が壊れていて、仕方なく使った」と、真の原因が見えてきます。

ここまで原因がわかれば、「備え付けの脚立を修理する」「備品の管理を強化する」「高いところの荷物を取るときは脚立以外を使わない」などの、より効果的な対策が打ち出せます。

【対人関係能力②―気配り・配慮】

このような事態の際に、問題解決や原因究明で頭がいっぱいになり、人への配慮や感謝などの、対人スキルと言われる能力が発揮できないことがあります。

しかし、たとえば情報を提供してくれた立花チーフへの感謝の気持ちや、極秘扱いにするなどの配慮を示すことは重要です。もしここで立花チーフの意に反して情報を公開してしまったら、今後立花チーフはあなたに重要な情報を一切知らせなくなるだけではなく、あなたは人間性を疑われてしまい、リーダーとして受け入れられなくなるおそれがあります。

配慮とは、人間としての感情表現の一種です。部下の感情に対し、あたかも自分のことのように共感し、そして共感していることをと伝えることが大切です。

立花チーフが、この情報の発信元が自分であることをわからないようにしてほしい、と望んでいるならば、必ずそれに対して応えなければなりません。

【組織活用力②―第一報の重要性】

自分の部署の中で起きた不祥事やトラブルは自分で解決し、他の部署に迷惑や心配をかけたくないという気持ちはリーダーとして当然持つものです。中には、そのような事態をまわりに知られることを、自分のリーダーとしての評価に関わると思う方もいるようです。

しかし、悪い情報ほど一刻も早く関係部署や上司に一報を入れる必要があります。もちろん事実確認が大事ですが、その場合も、現在事実確認をおこなっており、詳細な情報が入れば再度連絡するなどの報告や連絡、相談をするべきです。

自分で処理をおこなおうとしてさらに悪い状況になり、手のつけようがない状態で相談されても、相談を受けたほうは困りますし、なぜもっと早く相談しなかったのかと、あなたのリーダーとしての資質を問われかねません。

このような状態になったときに、自分だけの問題ととらえず、誰に、もしくはどの部署に相談するべきかを組織図などで確認しておくことが重要です。

第11案件
「見ちゃいました。お店の商品を持って帰るの」

第11案件で特に発揮したい能力

- リスク管理力
- 対人関係能力
- 組織活用力

立花様

特設コーナーを使う権利は昨年使った部門にあるのが定例でございます。また、数年前に25日の朝に洋菓子の商品がまったくなくなって、進物部門で売場を急に埋めたのをお忘れでしょうか？

進物　二階堂

↓

副店長殿

特設コーナーの件どのようにすればよろしいですか。副店長が決めてください。

17日に特設コーナーの発注修正締め切りです。

洋菓子部門　立花　碧

↓

立花と夏目で話し合って決めてください。　**金田**

第12案件

「私の場所よ!」

連絡ノート

金田副店長殿　　　　　　　　　　　　　　・12・10・

12月21日から25日まで特設コーナーは洋菓子部門のクリスマスケーキ販売で使いますのでよろしくお願いします。

洋菓子部門　立花　碧

↓

副店長へ

昨年は12月24日の夜から進物部門が特設コーナーで年末向け進物の準備をしていました。ですので24日夜に洋菓子部門は片づけて特設コーナーを空けるべきです。

進物部門　夏目

↓

夏目さんへ

今年の洋菓子部門のクリスマスケーキ売上目標は昨年の120%です。この期間の売上高は進物の10倍以上あります。24～25日に進物を販売しても無意味だと思います。それにすでに計画を組んでいるので変更不可です。

洋菓子部門　立花　碧

↓

あなたならどのような判断・行動をとりますか？

1	副店長をリーダーとして両部門のチーフを入れ、お店全体の目標を達成するために、どのような催事コーナーの運用が一番効果的なのか検討させ、着任後判断する。
2	どちらの主張を採用しても、どちらかに不満が残るため、どちらにも使わせないと決定する。
3	自分では判断しかねるので、ここは副店長に一任する。
4	両者の意見を取り入れ半分ずつ使わせて納得させる。

あなたが選んだ選択肢は

青山みあの判断　わからない

うわっ、険悪なムードで一触即発の状態だわ。しかも副店長は無責任な対応だし……結局私が判断しなければならないの？　うーん。立花さんの理屈もあっているし、夏目さんの言い分も間違いではないし……二階堂さんまで出てきて……うわ、複雑。

いっそのこと、催事コーナーを使わないとか……、それじゃ両方納得しないわ。

うーん、どうしたらいいの？　もう、知らない。

甲斐からのアドバイス

難しい問題だね。本当は副店長が調整してくれるとありがたいのにね。

でも、このような状況はこれからもたくさんあると思うので、逃げないで、どうすれば解決できるかを一緒に考えよう。

この場合、両方の部門が納得する解決法があればいいけど、どうも難しそうだね。でもよく考えてごらん。向かっている方向は一緒なんだよね。つまり、お店の目標達成というゴールに向かっているのは同じで、とろうとしている方法が違うだけなんだ。まずはそれに気づかせてあげることが第一だね。それから、お互いを満足させるのではなく、納得感を持たせるために、目標を達成するためにベストな方法を、感情的にならずに理論的に話し合わせ、店長である青山さんが最終意思決定すればいいんじゃないかな。もちろん、金田副店長も交えてね。

解説　縦割り組織の対立解決法

【交渉能力】

どちらも得をするように解決をはかる方法が、「Ｗｉｎ—Ｗｉｎ」の解決法です。

たとえばＡさんとＢさんが対立しあなたが仲裁に入ったとします。両方の言い分を聞いて、どちらかが正しいと決定すれば、どちらかは正しくないとなります。これでは「Ｗｉｎ—Ｌｏｓｅ」になってしまい、負けたほうの満足感は得られません。また一方で、どちらかが正しいと決めると不公平感が出るのでどちらの考えも認めないとすると、両者ともに満足感を得られず「Ｌｏｓｅ—Ｌｏｓｅ」となってしまいます。

Ｗｉｎ—Ｗｉｎの解決法は、たとえば取引の商談で「もっとたくさん買うから値段を下げてほしい」というように、相手にもメリットが生じるように解決をはかることです。値段が下がるので自分には利益があり、相手も取引量が増えるので、利益があるのです。これを一方的に「値段を下げろ」では自分は得かもしれませんが、相手は損をするのでＷｉｎ—Ｗｉｎではありません。

この案件でも、Ｗｉｎ―Ｗｉｎの解決方法へ持っていく考えがあるかを評価できます。

選択肢1では、部門ごとの損得意識から、お店全体の損得意識に持っていくことで、両方の損得意識を統一しようとする行動がとられています。選択肢4は、一見、Ｗｉｎ―Ｗｉｎの解決方法のように見えますが、言い換えれば両方が希望の半分しかかなえられないのでＬｏｓｅ―Ｌｏｓｅとも言えるのです。

【全体最適視点】

二つの部門がそれぞれの主張をしているこのケースでは、「部分最適」の考え方に陥っていると言えます。これはつまり、洋菓子部門と進物部門、どちらかにとっての最適な主張なのです。あなたはリーダーとして、この部分最適を「全体最適」に置き換えなければなりません。部分最適が全体最適になるとは限らないのです。

では、全体最適とはどのようなものでしょうか。先ほども出てきましたが、たとえば洋菓子部門が目標を達成したとしても、進物部門が目標を大幅に下回れば、あなたのチーム全体の目標が達成できなかったことになります。これでは全体最適にはならないのです。

チームの全体最適を実現するためには、どのような方法が好ましいかをまず考えて、ついで部分最適を考えなければなりません。全体最適なくして部分最適はありえないのです。

たとえば、あなたの課は今月、もう少しで目標実績を達成するところまで成績をのばしてきました。あなたが部下を「あともう少しだからがんばろう」と激励していると、営業所長から、「別の課が大きな商談を進めているので、そちらをサポートしてほしい」と依頼されました。しかしあなたは、自分の部署が成績を達成することが第一として、この依頼を断りました。その結果、別の部署の商談は失敗に終わり、あなたの営業所は成績不振として閉鎖になってしまいました。

あなたの課が営業成績を達成したとしても、営業所自体がなくなれば仕事を続けることはできませんし、あなたの課も消滅してしまいます。

つまり、自分は最適でも、全体が最適でなければ、結果的に意味がなくなるのです。

あなたの判断やチームの行動、価値観は企業全体から見れば部分最適です。このことを忘れてはなりません。全体最適の考え方は、もっと大局的な立場から考えるべきなのです。

【意思決定力③――意思決定を避けない】

意思決定力とは自分の意思を明確に他者に表明できるかという能力でもあります。たとえば自分の心の中で判断をしただけで、他者に伝えることができなければ意思決定にはなりません。

複数の案件の意思決定方法を観察することで、その人がどのような意思決定スタイルと意思決定に関する方法を持っているか、そして他者にどのように意思決定を伝えるかがわかります。

意思決定とはYES、NOの判断をくだすことと誤解されがちですが、たとえば「保留する」や「延期する」、「誰かに任せる」などの判断も立派な意思決定の一つです。リーダーとして大切なのは意思決定する行為を避けないことです。

なお、自分が判断できないから誰かに任せるという意思決定も選択肢に入っていますが、これは意思決定をゆだねる理由が正当なときにだけ成り立ちます。たとえば意思決定をするにあたって高度な専門知識が必要である、または職務権限をはずれるなどの理由です。

しかし、本来自分が判断しなければならないことを他人に任せるというのは、意思決定を回避する行動で、好ましくありません。

また、次のような、意思決定をしているように見せかける答え方もあります。

（例）

・きちんと処理をしておいてください。
・結果が出るようにうまく対処してください。
・みんなが納得するように話し合ってください。

また、矛盾や異なる意思決定が含まれているものもあります。

（例）

- ・A案でいきたいと思いますが、B案も一応進めてください。
- ・了解しました。でも、難しいと思います。
- ・この件は任せますが、私はB案のほうがよいと思います。

案件処理の判断からは、その人が通常の業務で、どのような意思決定方法をとっているのかが観察できます。

自信のなさがあらわれていたり、意思決定に対して恐怖を抱いたりすることは、リーダーにとって好ましくない傾向です。

【調整能力①――メンバーの対立】

組織内での部署間やチームのメンバーの対立は、価値観が違う人間同士の集合体ですので発生するのが普通ととらえるべきです。しかし、その対立を、組織やチームにとって良い結果になるよう導いていかなければなりません。その役目を担うのがリーダーです。

リーダーは、ときにはメンバー間の潤滑油になったり、あるときは支援者になったりと、さまざまな役割を演じなければなりませんが、調整者としての役割も非常に重要です。

調整と聞くと、対立しているメンバー間の仲を取り持つイメージがありますが、調整活動はそれだけではありません。あるときは競争をさせたり、協力させ合うなど、さまざまな形があります。

調整活動の基本は、先に説明したＷｉｎ―Ｗｉｎの関係に持っていくことですが、そのためには対立の原因を探ることが大事です。

対立の原因には、

・利害の発生
・価値観の相違
・ものの見方の相違

があります。

「利害の発生」は、ある人には得になり、ある人には損になるために発生する対立です。これは部分最適から全体最適の観点を持たせることで、解決に向かいます。

「価値観の相違」については、お互いの価値観を認めた上で、共通の価値観を見いだす調整をおこなうことが望ましいでしょう。たとえば、損失が発生するけれども、それによって社会的な評価を受けられるチャンスがあるとすれば、社会から評価を受けるという価値観でお互いが満足することもあるのです。
「ものの見方の相違」については、物事を観察する視点が異なっていることが背景にあるので、同じ視点で物事を観察し分析することで、共通のものの見方が得られることがあります。たとえば、あなたがまったく興味のないスポーツに誘われたとして、その時点ではどうしてそのスポーツが楽しいのか理解ができないのですが、自分も体験することで楽しさを知り、そのスポーツをする人たちに共感するということが、例としてあげられます。これは傍観者からプレイヤーの見方に変わったからこそ得られた変化です。

またこれら以外にも、どうしても対立し、妥協の糸口が見つけられないときに、そのパワーを競争という行為に向けることも方法の一つです。いずれにしても、結果的にＷｉｎ―Ｗｉｎの関係に持っていけるような調整能力が、リーダーには求められています。

第12案件で特に発揮したい能力

・交渉能力
・全体最適視点
・意思決定力
・調整能力

第 13 案 件

「私に任せてください」

E メール

差出人	東京中央店　副店長　金田君夫
題名	ご連絡
宛先	東京中央店　店長殿
CC	
送信日時	201X 年 12 月 14 日　18:19

青山さんへ

先ほど本社営業部から電話がありまして、
今年のクリスマスケーキ予約推進リーダーの氏名を
報告しなければならないようです。

私に任せてもらえませんか。
現在当店は地区で予約受注率が最下位と、
恥ずかしい結果になっています。
ここは東京中央店のプライドを賭けてでも
まわりの企業などにもアプローチして、
絶対に昨年の２倍の実績を上げてみせます。
その他いろいろアイデアもありますので。

よろしいでしょうか。
ご検討ください。

あなたならどのような判断・行動をとりますか？

1	金田をリーダーとするのはリスクがありすぎるので却下し、信頼性のある立花チーフなどを選出する。
2	まずは自分が店長に着任し実績を上げるべきなので、自分がリーダーとして舵取りすることを金田に納得してもらう。
3	金田にとりあえず任せるが、絶対に失敗をしないこと、もし失敗したら評価に反映させる旨を厳しく伝えた上で一任する。
4	金田に一任する。着任後計画の詳細を聞きたい旨伝え、両チーフには支援するように指示をする。

あなたが選んだ選択肢は［　　］

青山みあの判断 4

金田さんもやるときはやるのね。どうも負けず嫌いみたいね。まったくやる気がないのかと思ってしまっていたので安心したわ。よかった。でも……金田さんに任せて本当に大丈夫かな。……そういえば私が新入社員の年、はじめてクリスマスのディスプレイのリーダーになったときに、店長は不安な私に「大丈夫、失敗してもいいからやってごらん」と言ってくれたわ。それを聞いて安心して取り組んだっけ。先輩も助けてくれたけど、それも店長がサポートするようにと言ってくれていたとか……。よし、少し不安だけど任せてみよう、いざとなれば私が責任をとったらいいんだから。両名のチーフにも応援をお願いしておこう。金田副店長の信頼回復のチャンスになるかもね。

甲斐からのアドバイス

青山さん、いい判断だね。よく金田さんに任せることができたね。

店長になりたてのころは、今までの感覚で自分自身がプレーヤーとして動いてしまうことがよくあるんだよ。でも、その気持ちをおさえて、「挑戦したい」と言う部下に任せる勇気も必要だと思う。これからも店長として人に任せるという仕事が増えるので、今回の気持ちを覚えておこう。

でも、人に任せるということと、いわゆる丸投げするということはまったく違うんだ。そこは間違えないようにね。

任せるということは、しっかりと金田さんの計画を確認し承認をした上で、実行を任せるということなんだ。そして、任せたからと言って放置してはいけないよ。

金田さんに任せたということは、もし何か障害が発生したり、失敗に終わったときには、任せた青山さんにも責任が発生するということだ。肝に銘じておこうね。

解説　仕事の任せ方と責任の取り方

【人材活用力②――委任】

「委任」とは、権限などを委譲、またはある仕事の実行を任せることを言います。「一任する」や、「任せる」という言葉とほぼ同じととらえてもいいでしょう。

では委任するということはどういうことかを考えてみましょう。

たとえば、自分が持っている仕事をすべて、ある部下に委任するとします。これは委任の使い方として、はたして正当でしょうか。もちろん、正当ではありません。

ここで言う委任とは、リーダーの通常業務以外の業務を任せることです。リーダーしかできない部下の評価や、重要な意思決定を委任するのは適当ではありません。突発的な出来事や、通常業務とは離れた特殊業務などを委任するべきです。

また、委任するときには、必ずリーダーとしてとるべき行動があります。

まず、計画の把握です。部下がどのような計画で目標を達成しようとしているのかを承認する必要があります。そして、定期的な報告を受けることや、緊急事態や予想外の障害が発生したときには積極的な支援をおこなうこと、また、計画に変更が生じたときの再承認など、実は委任したあともリーダーとしておこなう業務が数多くあるのです。これらの業務を怠ると、いわゆる丸投げになってしまいます。

さらに、委任した部下が失敗をしたり、それによって損害が発生したりした場合、あなたに責任が生じます。たまにこのリスクを嫌って自分で処理をおこなうリーダーもいますが、これはリスクをおそれて人を十分に活用できないという評価になることもあります。委任するということはリスクが発生するものです。このリスクを背負って、仕事を任せるというのが部下本人の教育的な意味からも、リーダーとして必要な行為なのです。

ちなみに、逆にあなたが上司から何かを委任された場合も、すべて自由にできると考えるのは間違いであり、たとえば計画に変更が生じたときの報告、相談や、定期的な報告を入れるのは任せられた側の当然の責務と言えます。

【問題発見力⑤―隠れた問題】

金田副店長が奮起したからと言って、すでに問題が解決に向かっていると思って安心していてはいけません。

金田副店長はさまざまなアイデアを持っていると言っていますが、まずおこなうべきことは、「予約受注率が最低である」という問題点を発見することです。その上で、なぜ予約受注率が低いのか分析し、原因を探ることです。この原因をつかんだ上で対策を講じないと、思いつきのアイデアを実行する可能性があり、論理的な解決は望めないでしょう。

【組織形成力②―支援体制づくり】

委任をおこなったあと、リーダーがするべきことは組織形成です。つまり、委任者が計画をスムーズに進められるように、支援体制を構築します。これによって案件は、委任した個人の業務ではなくなり、組織で業務を進行するプロジェクトになるのです。

また、組織を形成したり、リーダーを選出したときには必ずチーム全員に周知しなければなりません。あなたが単に指名しただけでは、チームのメンバーは権限が委譲されたのかどうかはわからないからです。

このケースでは、みあが金田をリーダーに指名した際に、二人のチーフに支援を指示することで組織形成をはかり、さらに全員に周知させる行動をとっているので評価できます。

一方で、たとえばどちらかのチーフをリーダーに選出し、金田をオブザーバーとして指名することも、組織形成の面からは評価できる行動です。

第13案件
「私に任せてください」

第13案件で特に発揮したい能力

・人材活用能力
・問題発見力
・組織形成力

第14案件

「すぐに報告せよ!!」

Eメール（未読）

差出人	商品部部長　白石　充
題名	【要報告】廃棄率悪化について
宛先	東京中央店　店長殿
CC	
送信日時	201X年12月13日　10：19

東京中央店　殿

貴店の廃棄率が昨年に比べて異常値となっている。
これは利益圧迫の大きな要因である。
至急確認の上、原因調査ならびに対策の報告を依頼申し上げる。

店舗	8月		9月		10月		累計	
	廃棄率	昨年対比	廃棄率	昨年対比	廃棄率	昨年対比	廃棄率	昨年対比
東京中央	5.3	115.2	6.3	118.0	6.2	117.4	6.0	116.9
全店舗平均	10.2	96.2	11.5	95.0	11.2	93.1	11.0	95.8

単位：(%)

※廃棄率：仕入額に対して、売れずに残って捨てた商品の金額の比率
※昨年対比：昨年の廃棄率に対する、今年の廃棄率の対比

あなたならどのような判断・行動をとりますか？

1	白石部長の指摘内容に関して、上司である営業部長の前山に対し、資料からは決して東京中央店が廃棄率が高くないことを報告する。その上で、指示を仰ぐ。
2	白石部長に迷惑をかけていること、そして必ず廃棄率を改善することを約束し、副店長以下チーム全員に廃棄率の改善を指示する。
3	添付の資料だけでは現状を把握できないので、さらに詳しい資料を送ってもらうように白石部長に依頼する。
4	副店長の金田に、なぜこのような事態になったかを明確に調査させ、白石部長に原因と対策を報告するように一任する。

あなたが選んだ選択肢は

青山みあの判断 1

白石部長って、あの白髪頭の、いつも眉間にしわを寄せている強面《こわおもて》のおじさんね。いつも店舗巡回で社長の横にくっついて、私たちが商品の要望などを出したら、横から低い声で反論するイヤな奴……まあ、白石部長の話はいいわ。えっと、この場合はまずお詫びをして、改善するための対策を立てないとね……。ん？　たしかに、昨年よりは廃棄率が上がっているけど、全店平均と比較すると、半分以下？　これってどういうことかしら。

8月から10月の累計を見ても、東京中央店が6％の廃棄率に対して、全店平均は11％だから、逆にこのお店は廃棄率が低すぎるんじゃないの？　どうして白石部長が目くじらを立てるのかしら？　あ、わかった、昨年対比という項目だけを見ているんだわ。廃棄率が昨年対比で116％と、増えているという点だけ見てるのね。でもこれは、昨年が異常に廃棄率が低すぎたと見るべきじゃないかしら。

それに、どうして商品部の白石部長から直接報告の指示が来るのかしら。私の上司は営業部の前山部長のはずなのに。この件を書き添えて前山部長に報告しておこうっと。

甲斐からのアドバイス

青山さん、よく気がついたね。表面的な処理で白石部長にお詫びと対策を送らなかったのは素晴らしい着眼点だよ。青山さんの仮説どおり、東京中央店は廃棄率が高いのではなく、単に、昨年より廃棄率が高いが、それでもなお、平均よりかなり低いと見るのが正しい見方だね。今後も店長になれば、このような数字の資料がたくさんあらわれるから、分析力を鍛えないとね。

あと、直属の上司を飛び越えて他部署の上司に報告を送るのも、組織上タブーな行為なんだ。だから、今回の判断は正しい判断だと思うよ。

解説　数字のマジック。脅威の資料解析法

【情報分析力】

管理業務になると増えるのが資料です。会議のときに参考に配られる資料や、定期的にデータとしてあがる資料など、数多くの資料があなたの手元に届けられます。この本のインバスケット問題は、簡易的に紹介するための問題なので、添付の資料の数は少なめですが、通常のインバスケット問題にはもっと数多くの資料が添付されており、資料を活用してどのように正確な判断に結びつけることができるかを観察します。

インバスケットでは限られた時間で案件処理をする必要があるため、資料自体を重要視しすぎると時間を浪費するばかりか、何を判断しようとしているか不明確になってしまうことがあります。これは日常の業務でも同様で、限られた時間の中で、膨大な資料をどのように活用するかによって、業務遂行の度合いも変化します。

資料はあくまで判断の補助材料です。判断をするための仮説を立て、その根拠づけや正確性の検証に使うのが効果的です。

資料の多くは、数字などの定量的な情報が記載されているため、信頼してしまいやすいのですが、資料をもとにした分析、判断には陥りやすい罠が潜んでいます。たとえば都合のよい一部分だけを抜き出すなど資料に作成者の意図が入ったりしていると、情報が歪められて伝わりやすいのです。

次のグラフを見てみましょう。

1と2、どちらのグラフが、業績がより下降しているように見えるでしょうか。

第14案件
「すぐに報告せよ!!」

グラフ1

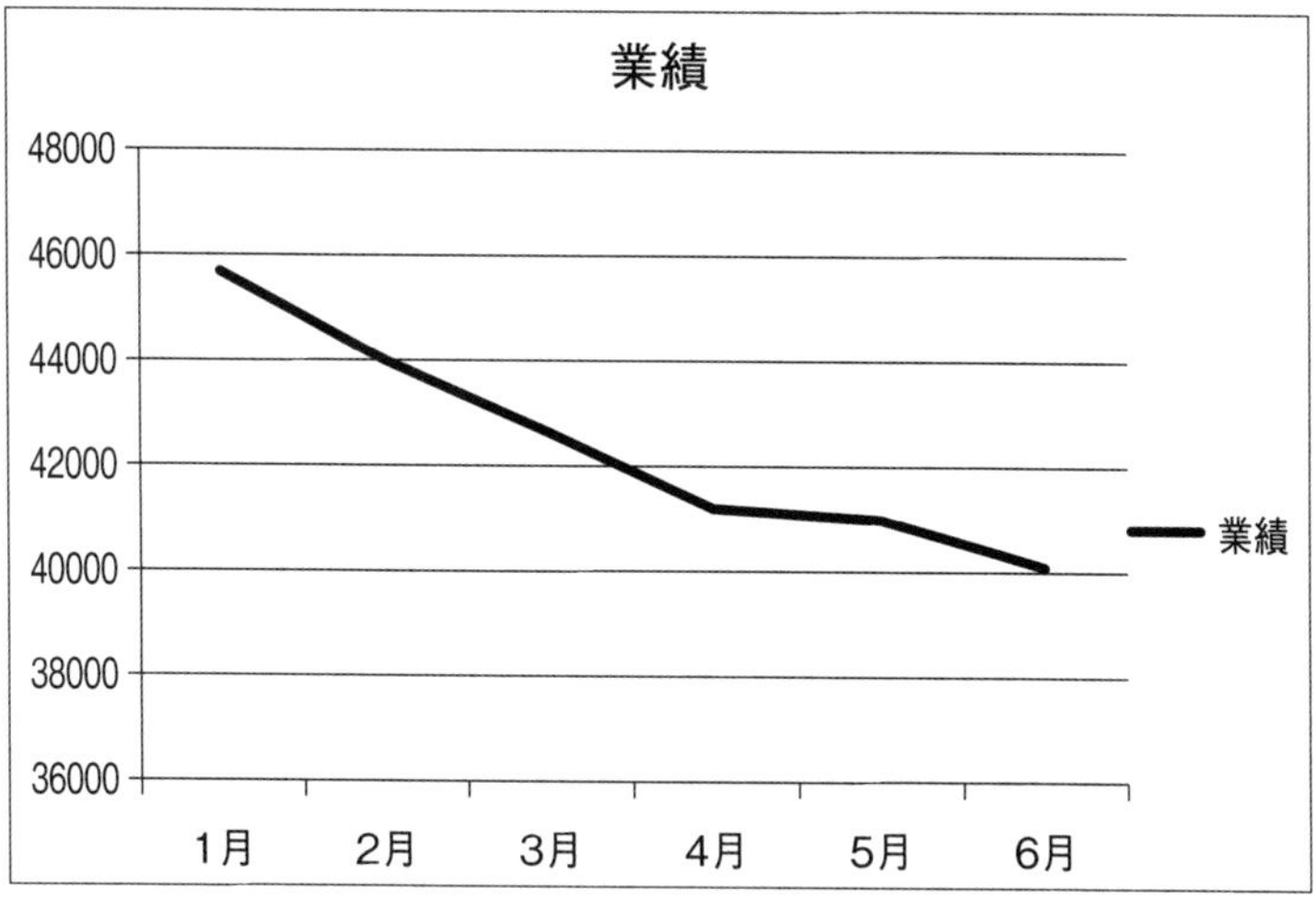

グラフ2

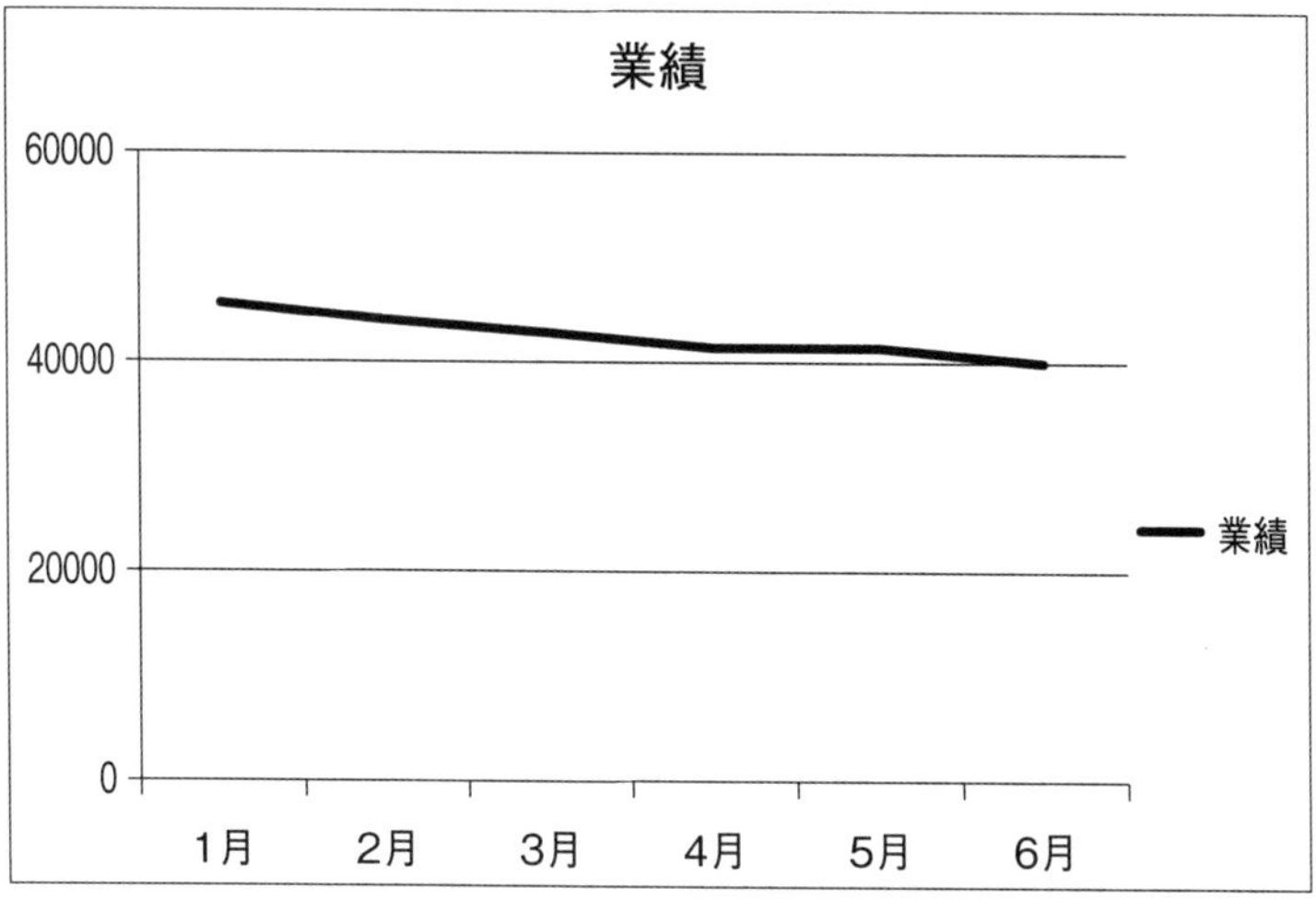

いかがでしょう。

実は、これらはすべて、同一の業績をあらわしたものなのです。

グラフ1を基準にした場合、グラフ2は、縦軸項目の最小数値を0に変更したものです。グラフはビジュアル的にわかりやすいものなのですが、作成意図が入る、または主観が入るとこのように情報が歪められてしまうのです。もう一つテクニック編として下のグラフをご覧ください。

いかがでしょうか。V字回復をして上昇しているように見えますが、隅に「予想」と書かれています。もちろん、この予想がまったく論理性のない予想であることは、一目瞭然です。

さらに、次ページの表を見て、問題点を発見しましょう。

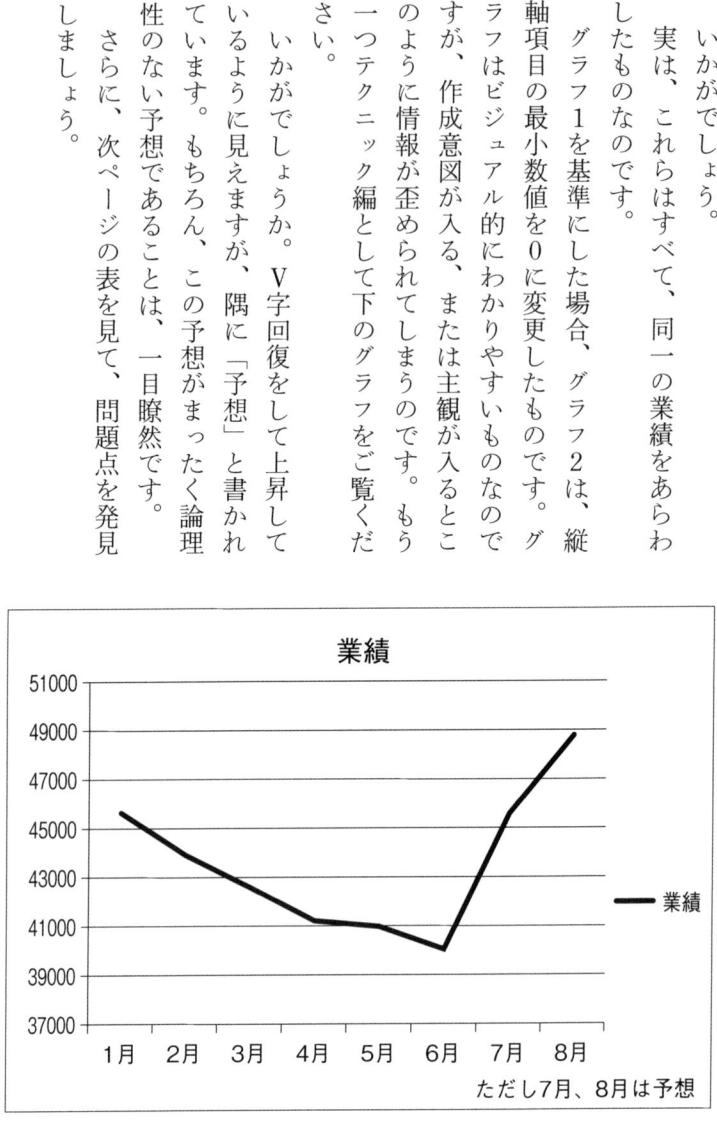

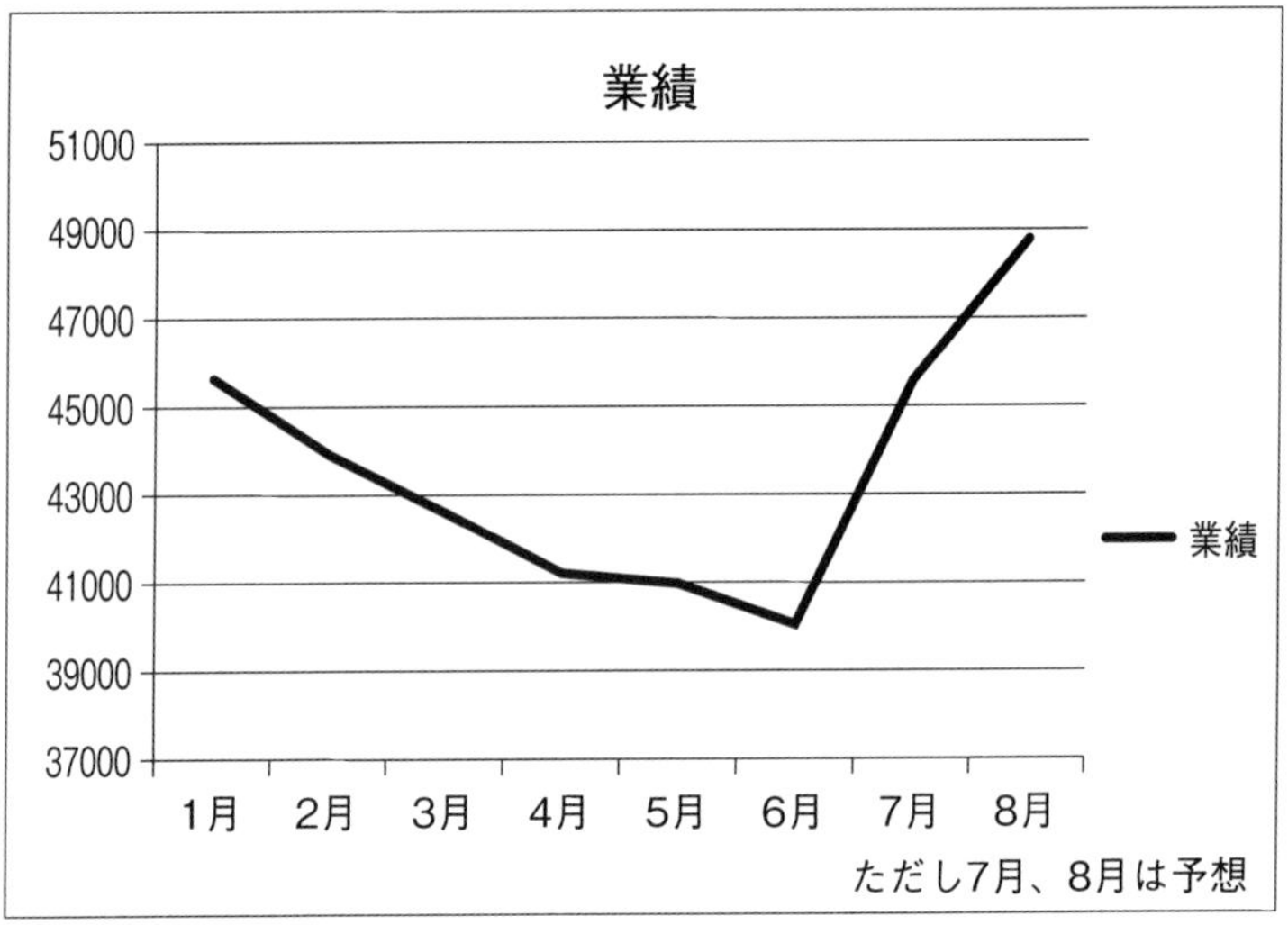

第14案件
「すぐに報告せよ!!」

表1

	売上高	昨年 売上高	目標 売上高	利益高	昨年 利益高	目標 利益高
A支店	92776	91439	92329	16524	16723	16500
B支店	75420	73555	75000	14993	14676	15000
C支店	96634	107554	110023	16781	17876	19310
D支店	187656	90311	90555	18900	16509	16222

表2

	売上 昨年対比	目標 達成率	利益 昨年対比	目標 利益高	利益率
A支店	101.5%	100%	98.8%	100.1%	17.8%
B支店	102.5%	101%	102.2%	100.0%	19.9%
C支店	*89.8%*	*88%*	*93.9%*	*86.9%*	*17.4%*
D支店	*207.8%*	*207%*	*114.5%*	*116.5%*	*10.1%*

表1のような数字の羅列では、問題点は発見しにくいですよね。

表2のように、比率に直すと、一定の尺度で比較できますね。比較しやすいので、問題点も発見しやすくなります。この中から異常値を見つけることが問題発見の第一歩です。異常値とは、平均や目標より大幅にかけ離れた数字のことで、この表2の場合で言うと、太字の斜体部分になります。

注意しなければならないのは、問題点を発見しなければと考えると、悪い異常値に注目しがちなのですが、平均や目標より著しく良すぎるのも、異常値ととらえるべきなのです。悪すぎても良すぎても計画より大幅に乖離していることは、その他の組織の活動にも支障をきたすリスクがあるからです。

D支店の場合は売上目標達成率が200%以上と異常値を示しています。これは計画の2倍以上の実績で推移しているということで、仕入れや人員なども大幅に増加しないと対応できないということになりかねません。ひいては仕入調達の資金繰りや、人員配置などの組織の大きな活動にも影響を与えるので、実績が良いと言って手ばなしで喜んでいては、リーダーや管理者としては失格です。

表2の資料は活用しやすい反面、比率に盲点があることもあります。それは、比率に注目しすぎると絶対値を無視して判断してしまうことです。今回のケースでの白石商品部長の判断がまさしくそれにあたります。ケーキの廃棄率の昨年対比という項目の比率だけから全体の評価

をおこなったために、絶対値を見逃した判断となったのです。

また、絶対値が大きなものや小さなものも、一定の比率で表されると、錯覚を起こすことが多々あります。

たとえば、二人の部下があなたにこのような報告をした場合、どのように感じるでしょうか。

部下Ａ「今月の実績ですが、目標より５％下回りそうです」

部下Ｂ「今月の実績ですが、目標より１億円ほど下回りそうです」

逆のパターンもあります。

部下Ａ「今月の実績ですが、目標より５％上回りそうです」

部下Ｂ「今月の実績ですが、目標より１億円上回りそうです」

右は同じ実績の報告なのですが、表現が絶対値か比率かによって、感じ方がかなり違ってきます。

もしかすると、ずる賢い部下が、あなたに対して、実績が悪いときはＡのパターン、良いときはＢのパターンと、表現を使い分けて報告をしてくることがあるかもしれませんので、つねに比率と絶対値、両方の考え方を持っておかなければなりません。

【組織活用力③——レポートライン】

組織はいくつかの部署によって成り立っていますが、組織が大きくなればなるほど、どの部署がどの組織に所属しているのか、または報告や指示はどのような流れでおこなっているのかが不明瞭になっていきます。それらを明確にしたものが組織図です。

94ページで、自部署がどの位置づけにあるのかということは説明しましたが、組織図は「レポートライン」を明確にするという機能もあります。

「レポートライン」とは、報告や連絡、情報や指示などを誰が誰に対しておこなうべきかを明確にしたものです。あまり聞きなれない言葉かもしれませんが、小学校の緊急連絡網や、自分が休みのときの代行者を決めることも、レポートラインを明確にするという行為です。このレポートラインがないと、情報や指示のヌケ・モレが発生し、複数の上司から相反する指示を受けるなど、非効率なだけでなく、緊急事態時に対応ができないなどの問題が生じます。

具体的なレポートラインの活用法を考えてみましょう。

次の図は、このストーリー中の企業である、「多摩洋菓子株式会社」の組織図です。この組織図の形は、俗に言うピラミッド型の組織図で、日本の多くの企業がこのような形態をとって

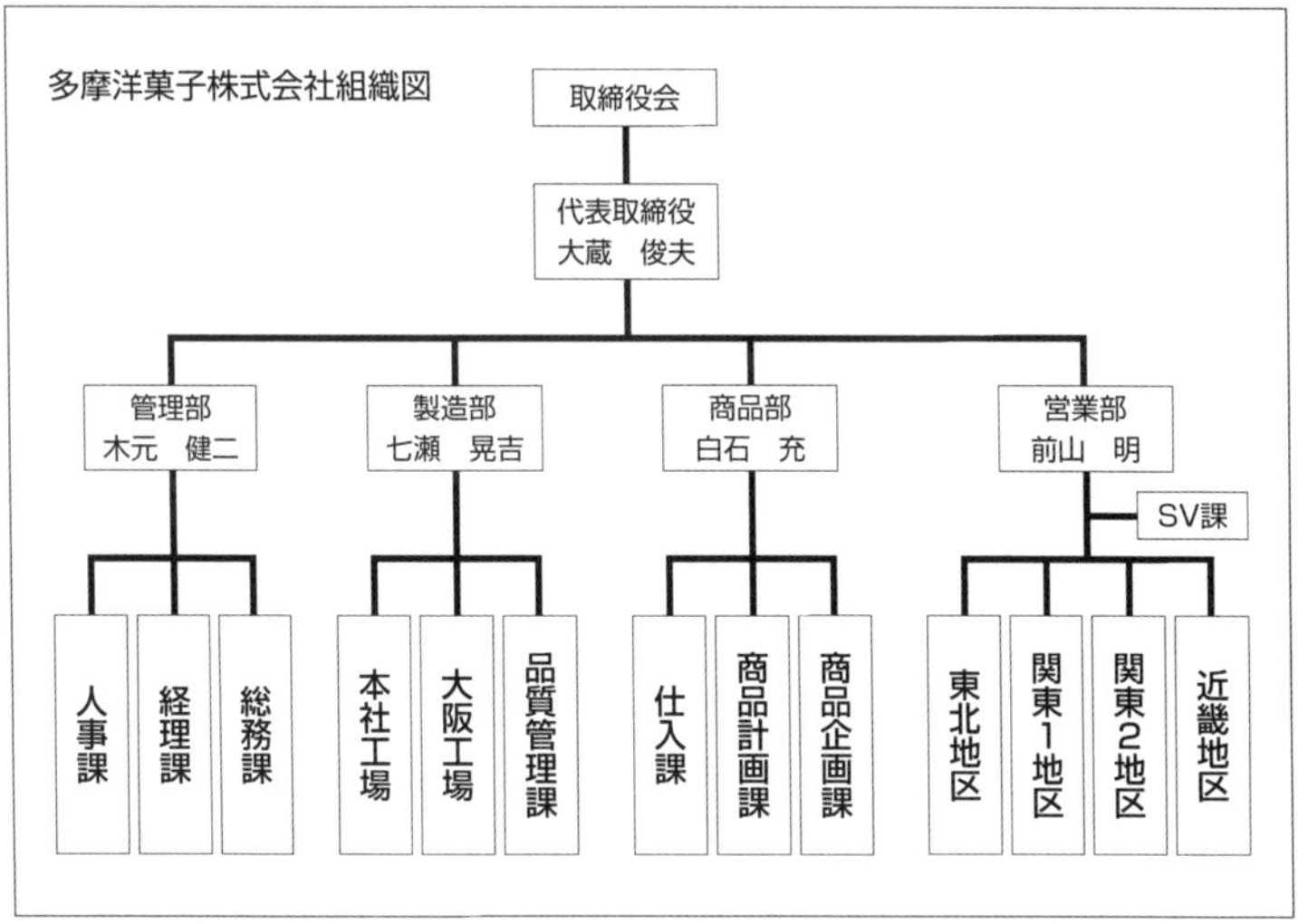

います。

　この企業では、経営幹部からある指令が出されると、4人の部長にまず伝達され、そして各部長の下の課長に伝達され、そして各従業員に伝達されます。逆に、たとえば人事課で何かトラブルが発生したとすれば、人事課から管理部長、そして経営幹部へと報告があがります。

　このように組織図は、指示だけではなく、情報や報告の通り道を示しています。この通り道にはあるルールがあります。

　一つは、ライン上にいる部署、もしくは人物を飛び越えないこと。

　この図で言うと、人事課長から経営幹部に直接報告をすることは、ルール違反です。なぜルール違反かというと、管理部長の存在を無視することになるからです。これを一般的に「頭超え」などと言い、職場ではタブー視されています。仮に、緊急事態の場合に、管理部長に連絡がつかず、経営幹部に直接報告をするとしても、管理部長には必ず、事後報告をおこなわなければなりません。

今回の事例でも、商品部の白石部長から直接あなたに報告指示が来ていますが、これ自体が問題ですし、またこの指示を受け、直接、白石部長に報告を入れるのはレポートライン上、ルール違反なのです。

あなたが、あなたの上司である営業部の前山部長の立場だとしたら、このやりとりを見てどう思うでしょうか。きっと自分の知らないところでこのようなことをされると、不愉快に思うばかりか、何らかの事態が発生したときの責任もあいまいになります。

したがって、あなたは白石部長に報告するのではなく、まず、このような指示を受けたことの報告と返信の許可、そして白石部長に直接報告する場合は、必ず前山部長にも同様の報告をする必要があるのです。

このようにレポートラインのルールを守ることは、組織としての規範を守るだけではなく、あなたのチームの目標達成に支障を生じさせないための大事な行動なのです。

第14案件で特に発揮したい能力

・情報分析力
・組織活用力

第 15 案件

「夜間工事します」

Eメール（未読）

差出人	中丸電気設備株式会社　メンテナンス部　山路　達郎
題名	【ご連絡】冷蔵ケース入れ替えについて
宛先	東京中央店　店長殿
CC	営業部長
送信日時	201X 年 12 月 08 日　17：19

多摩洋菓子株式会社
東京中央店　店長様

お世話になっております。
先日、ご依頼いただきました冷蔵ケース入れ替えの件、
以下のように日程が決まりましたのでご連絡申し上げます。

【日時】12月19日（水）22時より翌12月20日（木）朝6時まで
【工事内容】冷蔵ショーケース入れ替えとそれに伴う配線工事
　　　　　　床面タイルはがしに伴う復元工事
【ご依頼内容】
できるだけスムーズに工事をおこないますが、機材搬入などで若干大きな音が出る可能性がございますので、周辺店舗様へのご連絡をお願いいたします。

あなたならどのような判断・行動をとりますか？

1	なぜ冷蔵ケースを入れ替えるのかをたしかめたいので、工事の延期ができないか確認し、ムリであれば、周辺の店舗や管理会社、本社の関係部署に連絡をするように金田副店長に指示をする。
2	金田副店長に、工事費用をできるだけおさえるように、業者と値引き交渉をおこなうように指示をし、安くなるのであればこの際だから他の冷蔵ケースも一緒に交換するように重ねて指示をする。
3	工事の翌日は冷蔵ケースの設置が間に合わない可能性もあるので、臨時休業とし、従業員すべての親睦を深めるためのレクリエーションを企画する。
4	内容を了解し、工事業者にお礼を言う。工事の対応をすべて副店長に委任する。

あなたが選んだ選択肢は

青山みあの判断 1

冷蔵ケースの入れ替え？　故障かしら。ケースの入れ替えって結構大変なのよね。経費もすごくかかるし、場合によっては官公庁への届け出やケーキの在庫の調整もあるし……。それもよりによってこの時期にする必要があるのかしら。なぜ交換するのか確認してから、じっくり考えて決めなくちゃ。もし交換するとしたら、まわりのお店にお詫びとお知らせをして……。あと、本社の総務部門などとこのビルの管理会社などにも連絡をしておかないと……。とにかく関係部門や関係者に通知しておくように副店長に指示を出しておこう。

甲斐からのアドバイス

そうだね。まず、そもそもなぜ冷蔵ケースを入れ替える必要があるのか、を確認しておいたほうがいいね。だって、青山さんのお店だからね。

リーダーが知らないうちに、何か物事が進んでいるようじゃ困るからね。

青山さんは根回しもできるようだね。これもリーダーとして大事なことだね。

解説 関係者は誰か、根回しは障害を取り除く

【問題発見力⑥──問題意識】

問題を発見するには、発見する観点を持たなければいけません。この、問題を発見しようとする意識を問題意識と言い、インバスケットでも観察する重要な要素の一つです。

同じ案件でも、人によって問題の感じ方には大きな差が出ます。このケースでも、冷蔵ケースを入れ替えるという現象から、「入れ替えるのか」と事実をただ認識する人もいれば、「どうして入れ替えるのかな」と思う人もいます。もちろん、問題意識があるのは後者のほうです。

また入れ替える時期についても、「この時期でなければならないのか」と疑問を持つことによって、分析というプロセスに入ることができるのです。

問題意識を持つには、まず自分に関係することだと当事者意識を持つことが大事です。他人事のように思うと問題意識は生まれてきません。

たとえば、海外企業が経営破たんしたとします。この企業があなたにまったく関係がなければ、ただの情報にすぎませんが、もしあなたがその企業に投資をしていたとしたら、大きな問題意識を持つでしょう。つまり、自分の出来事だと思うことで損得の感覚が発生し、それが問題意識につながるのです。

今回のケースも、仮に自分の財布から費用を払うとしたら、どうでしょうか。リーダーとして、あなたは組織の財産などの管理も任せられています。だからこそ自分の財布からお金を出すつもりで、何事も問題意識を持たなければならないのです。

【調整能力②―根回し】

この能力は組織活用力の中に含まれることが多いのですが、ある物事を進めるにあたって、事前にどの部署に相談や報告をすればよいか検討するなど、支障が発生しないように案件処理を進める能力も、この調整能力に入ります。

俗に「根回し」と言いますが、この行為はリーダーにとって非常に重要で、どの部署や人に対し、相談や事前承諾をとって業務を進めるかで、成果の出方が大きく変わります。

その中でも大事なのは、誰に対して調整活動をするのかを決定することです。

まったく関係のない人に対して調整活動をおこなっても意味がありません。この際のポイントは「利害関係者」を特定することです。利害関係者とは、その案件処理を進めるにあたって損得などの利害が発生する人のことです。

多くの場合、組織はそれぞれの利害関係の上に成り立っており、一つの部署が単独で仕事を完了することはありません。たとえば、営業職のあなたが大量の注文を顧客からもらったとします。それ自体は喜ばしいことなのですが、その注文はあなた一人で手配するわけではありません。商品を製造する部署や在庫を保管する部署、そして共有している在庫で営業している他の営業員なども、すべてあなたが受けた大量受注によって影響を受けるはずです。この場合、彼らは利害関係者であり、製造部門に対して「大量のオーダーが発生するが、大丈夫か？」などといった確認の調整が必要なのです。

また、その大量注文に対して、今までにない値引きをおこなったとしたら、他の営業員から不平や苦情が出るおそれがあります。これを「社内クレーム」と呼びますが、それらもあなたの行為が会社に対し何らかの影響をおよぼすがゆえの現象なのです。

第15案件で特に発揮したい能力

- **問題発見力**
- **調整能力**

第16案件

「娘を辞めさせます。だって経営不振でしょ」

手紙（未開封）

店長様

娘がお世話になっております。

私、仲あゆみの母親で仲貞子と申します。

本日、お手紙を差し上げましたのは娘のあゆみの件でございます。

大学に入学してから4年間、多摩洋菓子様でお世話になっております。

ただ、今回娘と話をしましたところ、非常に申し上げにくいのですが、御社の経営不振に関するニュースなどが報道され、あゆみも不安を抱いております。

あゆみ自身はこのまま御社の社員として仕事を続ける夢を持っておりますが、私としましては、娘の将来を考えると、別の方向に進ませようかと考えております。

つきましては、今月末にて御社を退職させていただきたく、お願い申し上げます。

あゆみには今月末まではしっかりと働くように申しつけます。

仲　貞子

あなたならどのような判断・行動をとりますか？

1	まず本人と意思確認をしたい旨と、その後、仲貞子に対して話し合いの機会を持ちたいと返信する。また、店の従業員に対しても会社の現状などを話す機会を設けるように副店長にスケジューリングさせる。
2	親が辞めろと言うなら仕方がない。早急に代わりの人間を募集するように副店長経由で本社の人事課に伝えさせる。
3	時間給をアップさせるなどして、なんとか慰留するように副店長に一任する。
4	今辞められると組織活動に支障が出るので、母親にせめて1月末までは仲あゆみに働いてもらうようにお願いをする。仲あゆみにはどうして自分から申し出ないのかを着任後問い詰める。

あなたが選んだ選択肢は

青山みあの判断 2

なあに？　この子。どうして自分で言えないのかしら。大学生にもなって親が娘の働き方に口を出すなんてちょっとおかしいわ。それに、よりによって、今月末で辞めるなんて……お正月もすごく忙しいのに……。でも母親の言っていることも一理あるわね。こんなにイメージの悪いニュースが流れたりしていると辞めさせたくなっても仕方がないかも……。

やはりこんな会社にした経営陣が悪いんだわ。とにかく辞めるのは仕方がないので、すぐに新しい人を採用しなくちゃ。

甲斐からのアドバイス

ちょ、ちょっと待って青山さん。

君はもう管理者なのだから、ある意味、東京中央店での会社の代表者なんだよ。そんなこと言ってちゃダメだよ。

人が辞めたら採用すればいい、という考えもいただけないな。せっかく店長の辞令を受けたときに社長から会社の現状と、向かっていく方向を聞いたのだから、それを、今度は東京中央店の従業員に伝えることが青山さんの役割だよ。

きっと、青山さんの熱意によっては仲さんのお母さんも考えを変えてくれるんじゃないかな。
あとね、以前の案件で仲さん本人が何かを相談したそうだったけど、もしかしてこの件と関係ないのかな。

解説　リーダーは会社の広報マン

【リーダーシップ】

組織にはリーダーが存在し、そのリーダーによって組織の個性が決まるとも言われます。

それはリーダーが持つリーダーシップによって大きく変化します。では、リーダーシップとはどのようなものなのでしょうか？

実は明確に定義されているわけではありません。それはその人によって持っているリーダーシップの種類がさまざまだからです。

強いカリスマ性を持ち、みずから指示をおこなってチームを統率するタイプや、基本的に放任し、必要なときに援助や助言をするタイプもいます。

ただ、共通して言えるのは、チームの目標を達成させるために、メンバーを統率し、チームとしての機能を維持する役割がリーダーシップにはあるということです。

だからと言って、恐怖や力でメンバーを服従させて目標達成するということではありません。これでは継続もしないですし、メンバーは満足感を得ることができないからです。

メンバーがチームの一員として目標を達成するためには、メンバー本人がやる気を持つように働きかけることや、励ますことが重要です。この案件からは一メンバーだけではなく、多くのメンバーが組織の将来に不安を感じている背景を察知し、リーダーとしてメンバー全員に、これから進む方向や目指すもの、そしてあなたの意気込みを伝えることで、メンバーのやる気を奮い起したり、不安を払拭するなどの行動が望まれるのです。

【コミュニケーション】

インバスケットでは、自分の意思をどのような形で相手に伝えるかも観察します。

これは、より確実に自分の意図していることを相手に伝えるために、どのような手段をとるかという観点から評価します。たとえば、ある意思伝達に、メールを使うのか、それとも電話なのか、手紙なのか、直接会って話をするのかなど、手段は人それぞれ異なるでしょう。

トラブルなど緊急のときに手紙やメールを使うのは不適切ですし、深刻な相談に関してどのように直接本人と話し合いができる機会を設けているかも重要な点です。

メールなど便利なコミュニケーション手段が増えている一方で、部下とのコミュニケーションをとる機会が減っていて、管理者としてどのように部下と効果的にコミュニケーションをはかれるかが問われています。

このケースでは仲あゆみの母親に対してどのような形で自分の意思を伝えるのか、また仲あゆみ本人に対し、どのような対応をするのかがカギとなります。

【情報伝達能力―会議体の活用】

指示や情報伝達の手段として「会議」や「ミーティング」の実施があります。

会議と聞くだけでアレルギーを起こす方もいるほど、会議は苦痛で無意味なものと思われがちですが、きちんと機能を果たせば、非常に有効なコミュニケーション手段です。

会議のメリットはまず、一度に多くの情報を多人数に短時間で伝達できることです。リーダーが一人ひとりに対して同じことを繰り返し伝達するよりも、全員を集めて一度に伝達するほうが効果的と言えます。

次に、その場でその議題に対してのチームの進むべき方向性が決定できることです。当然メンバーからも意見が出て、それにリーダーが答えることで、どのように結論が決まっていくかも全員で共有できて、チームとしての一体感が生まれます。

ただ、一方で全員のスケジュール調整が難しかったり、明確な議題と、何を結果として求めるのかをハッキリさせないと、膨大なコストをムダに使うことになる可能性もあります。したがって、伝える情報や議題、内容によって、会議を開くべきか、開くとすれば誰を招集するのかを慎重に検討しなければなりません。

今回のケースでは、士気を上げるという目的や、議題が重要であることから、また、チームの結束を強めて、あなたの目標とそれに対しての方向性を共有するために、チーム全員を招集して会議を開くことも一つの方法です。

【スケジューリング】

インバスケットでは今回のみあのように、翌日から長期出張などで着任後まで仕事ができない設定が多く見かけられます。つまり、「なんでも着任後に処理します」と対応していると、実際の着任後に大混乱することが予想されます。このようなときに、重要な業務は着任日におこない、重要でない業務は着任日の数日後に設定したり、時間を明確にしたりなどと、着任後のスケジューリングが適切にできるかがポイントになります。

これは、普段の業務スタイルをあらわしており、「なんでも着任後に処理します」とする人の多くは、日ごろから非計画的な場あたり的な業務スタイルをとっていることが多いようです。

一方で、計画的に明確なスケジューリングができる人は、通常の業務でも効率の良い業務スタイルをとっていることが多いのです。

弊社で提供しているインバスケット問題では、インバスケット案件処理が終了したあとに、着任日のスケジュールをつくっていただく問題もあります。計画的な方にとっては、たいして難しくはありませんが、なんでも着任後、としている非計画的な方にとってはパニック状態に陥ることもあるようです。

第16案件で特に発揮したい能力
- ・リーダーシップ
- ・コミュニケーション
- ・情報伝達能力
- ・スケジューリング

第 17 案件

「予算がないから仕方ない」

連絡ノート

金田副店長殿　　　　　　　　　　　　　　　　　・12・9・

先週お願いした衛生用フキンと消毒用のアルコールはいつ入ってくるのでしょうか。もうほとんどありません。
このままでは衛生管理マニュアルに違反しますので、
至急、お手配ください。

洋菓子部門　立花　碧

立花へ

今月は消耗品の予算が厳しいので発注できません。
フキンは使いまわしするなど、なんとか節約して使用してください。
ただし、全部使い切ると、保健所の立ち入りがあったときにまずいので少し残しておいてください。

副店長　金田

あなたならどのような判断・行動をとりますか？

1	保健所が調査に入ると困るので、その対策を必ず実施するように金田副店長に指示を出す。
2	金田副店長の指示は明らかに誤っているが、相手は年上なので、着任後、間接的に間違いに気づかせるようにする。
3	重大な問題なので、金田副店長に、なぜ消耗品の予算がなくなったのか、厳しく叱責する。そして理由と対策を着任後報告させる。
4	予算がなくても、コンプライアンスに反する行為や食中毒の危険性があるので金田副店長に大至急調達させる。そして今回の件について厳しく指導する。

あなたが選んだ選択肢は

青山みあの判断 4

うわっ、なにこれ……ありえない。このままじゃ食中毒が起きてしまうかも。どうしてこんな指示をするのかしら。副店長って経費を管理していると聞いたけど、それとこれとは別だわ。なんとかしなくちゃ。どうしよう……。

年下の子がこんなことしていたら厳しく叱るんだけど、相手は父親くらいの年齢の男性だしなあ。厳しく言ったらへそを曲げるかも。でも、このままではみあの店が大変なことになってしまう。えーい！　ここはびしっと言おう！

甲斐からのアドバイス

うん。青山さん。その判断でいいと思うよ。

間違っていることは間違っていると厳しく叱るのがリーダーの役目。

だって、その行為でお客様に迷惑がかかるばかりか、組織の運営の危機につながる重大な事態になってしまうかもしれないからね。

たしかに年上に対しては尊敬の念を持つべきだけど、ダメなことはダメと言ってあげるのもリーダーからメンバーへの愛情だと思うよ。

解説　会社の予算より大事なものは何か。判断基準の明確化

【問題発見力⑦―立場によって異なる問題点】

このケースでは、一方的に副店長の金田に悪いイメージをいだくかもしれませんが、金田が経費管理を任せられているとすれば、その職務を忠実に遂行したとも言えます。金田の行動や判断をすべて否定的に指導するのではなく、ある部分は評価し、本当に指導しなければならない事柄に対して、厳しく指導をおこなうべきです。そのためには、金田という人物を問題視するのではなく、金田の具体的な行動と、それに至った考え方や経緯に着目するべきです。

そして、金田の立場から、どうしてこのような判断をおこなったのかを考えることも必要です。人は立場によって仕事の価値観が異なります。たとえばあなたが営業職で、あるイベントをおこなうことになったとします。そのイベントには当然経費がかかりますが、この経費のとらえ方も、営業職、経理職、そして経営者など、立場によって大きく異なります。

すべての部下が、あなたと同じ視点である事例をとらえていると考えるべきではなく、人それぞれの見方があると考えなくてはなりません。

また、問題発見のためには、起きた問題の背景にも注目するべきです。この事例が起こった

背景は「消耗品の予算枠がなくなった」ということです。あなたはここにも問題意識を持たなければならないのです。なぜ予算枠がなくなったのかという点に問題意識を持つことで、組織が抱える課題が発見できるのです。

その上で、金田の意思決定方法の指導の必要性などとあわせて解決策を練るべきでしょう。

【優先順位設定②—重要度】

第6案件で説明したとおり、優先順位設定をおこなう場合には、「緊急度」と「重要度」の二つの軸で考えることができます。

緊急度は、期限や締め切りといった、時間の軸で変化する影響度です。

重要度とは影響の範囲や損失の大きさ、そしてこれから発生するリスクなどが含まれます。

このケースの場合、今の時点では被害は発生していません。しかし、この案件を放置することによって、どのような事態が発生するかを考えなければなりません。処理を先送りにすることで、生じるリスクを考えなければならないのです。たとえば食中毒が発生すれば、甚大な損失が出るのは明らかです。損害の影響範囲も個人や組織ではなく、企業全体、さらに社会全体へと広がるのです。そのようにとらえると、衛生用フキンの問題は「単なる消耗品」ではなく、かなり重要度の高い案件であるとわかります。

【指導力②──適切な指導方法】

リーダーに求められる指導力とは、間違っていることを教育的観点から、論理的に指導する力のことです。たとえば、自分の気分や感情で指導したり、性別や年齢などを理由にして指導したり、しなかったりということでは、リーダーとしてふさわしいとは言えません。

部下の誤った行動やルール違反などの行為を、見て見ぬふりをし、指導をおこなわないのは、暗にその行動を了承したことになります。また、あなたにはそのような行動に対して指導する責任がありますので、指導しないということは、職務を放棄したとも言えます。

したがって指導は当然おこなうべきですが、指導には適切な方法というものがあります。まず、誤った行動などの事実に対して指導することです。そのとき、その人の人格や価値観などに関して指導するのは間違っています。次に、誤りを本人に気づかせることです。あなたがどんなに熱意を持って指導したとしても、本人が誤りに気づかない限り、指導の成果は出ません。そして、指導の方法も重要です。たとえば、多くの人の前での指導や、長い時間かけてだらだらと指導することなどは、やり方としては適切でも効果的でもありません。

このケースの場合には、あなたよりかなり年上の部下に対して指導する必要がある状況設定となっています。この問題に限らず、これからの激動する社会環境の中では、年上はもとより、人種やさまざまな価値観を持った人間がチームのメンバーになる可能性が高いでしょう。したがって、指導の仕方も高度なテクニックが要求されます。

年上の部下に対しては、指導の内容は変えないとしても、言葉遣いや尊敬の念は失いたくないものです。また、本人のプライドをくすぐる指導方法もときには有効です。「副店長ともあろう方が、このようなことでは困ります」などと、自分の役割を自覚させる指導方法もあるのです。

【創造力】

あなたは、リーダーとしてメンバーにアイデアを求めるだけではなく、みずからも個性的なアイデアを出すことが求められます。アイデアと言うと奇抜性などのイメージがありますが、今あるものを組み合わせたり、他の案件の手法を取り入れたりすることなども、創造性です。

このケースでは、予算がないために消耗品が購入できないのが問題の主旨です。つまり、予算を増やすことと、消耗品を手に入れることが求められています。

このようなときに、アイデアを出し助言することも、リーダーの役目です。

たとえば、予算がないのであれば、予算を増額できないかを本社に打診したり、他の予算からの付け替えができないかを検討したり、また、消耗品自体を他店から借りる、または前借りできないかなどを考えることもできます。

創造力の敵は、思い込みなどの固定観念です。

固定観念は、

「そんなことはできないだろう」

「やってもムダである」

などと、せっかく生まれて来たアイデアを打ち消してしまう阻害要素なのです。

そのような固定観念は捨てて、思いつくままに創造力を発揮できることが望まれます。

第17案件で特に発揮したい能力

- 問題発見力
- 優先順位設定
- 指導力
- 創造力

第18案件
「店長、トナカイはどうでしょう？」

メモ

店長様
ひらめきましたあッ♥
この前お話ししていたクリスマス企画ですが、
こんなアイデアはいかがでしょうか。

「従業員全員がトナカイのぬいぐるみに入り販売する」

まわりのお店はサンタさんなので、目立ちますよッ。
サンタさんもびっくり間違いなしです！！o(・∀・o)

それからこれは企画ではありませんが、
今若い女性の間で紅茶が流行っています。
(私もハマっていますが……)
うちのメニューには紅茶フレーバーのケーキがありません。
ちなみにライバル社のリバーケーキなどでは、
紅茶フレーバーシリーズを売り出していて、
午前中に完売しています。
うちも発売すれば間違いなく大ヒットですよ！！” (* > ω <)o

柴田　奈々♥

あなたならどのような判断・行動をとりますか？

1	なぜ、トナカイなのかを明確に説明するように柴田に指示し、もし効果がなかったときの責任をどのようにしてとるのか確認する。
2	そんなことを考える暇があるなら、もっと自分の仕事をしっかりするように指導する。
3	個人的にはおもしろいアイデアだと思うと褒め、ライバル店情報についてもお礼を言う。着任後具体化できないかを検討したいと告げる。商品情報は本社にすぐに上げるように金田副店長に指示をする。
4	トナカイの着ぐるみはすぐに実行するように金田副店長に指示をする。商品情報は参考にしておく。

あなたが選んだ選択肢は

青山みあの判断 3

この子、おもしろいアイデアを持っているわね。でもトナカイかあ。現実的にどうかなあ。ともかくこんな提案を出してくれるのは、お店のことを思ってくれている証拠ね。褒めてあげなくちゃ。

紅茶フレーバーかあ。やはりこの奈々ちゃんの年齢層がこのお店の客層だから、私たちとは少し見る視点が違うんだわ。これは営業部長と甲斐さんにも情報として流しておこう。

甲斐からのアドバイス

トナカイかあ……。あ、いやいや、まあ、企画の内容はともかく、部下からの提案に対する姿勢としては合格だね。

もっともっとこんな提案が部下から上がってくるチームになるといいね。あとはこのアイデアが実現可能かを含めてみんなで討議してみてはどうだろう。

解説　従業員のアイデアをどう活用するか

【情報活用力】

リーダーには、日々いろいろな情報が多く集まります。その情報を活用して成果につなげられるかどうかは、あなたの情報活用力にかかっています。今回の柴田奈々の提案や情報が生きるかどうかも、あなたの考え方やとらえ方次第です。この提案を実現不可能と頭から決めて受け取るのと、何かに活用できないかと考えるのとでは、結果が大きく変わる可能性があるのです。

部下からの提案は、実現できるかどうかを考えるのではなく、どのようにすればこの提案が活用できるだろうかと検討する姿勢が大事です。提案内容が不明確だったり計画性がないならば、部下に対してもっとわかりやすく明確な計画をつくるように指示をすることが望ましいでしょう。また、このケースの商品情報は、現場や顧客からの視点による貴重な情報と言えます。

私たちはどうしても、自分の仕事上の立場からの視点で物事をとらえてしまいがちですが、一番大切なのは顧客視点であることを忘れてはなりません。

そして、あなたにはこの貴重な情報を、いち早く上司や本社に伝えることが望まれます。なぜならば、情報は生ものだからです。

【対策立案力①―対策立案のポイント】

アイデアや対策を考えるときに大事なのは「対策の目的」と「複数の対策立案」です。対策の目的を明確にするのは、対策を考えているうちに、何のための対策かわからなくなったり、または対策のための対策になったりしてしまうおそれがあり、それを防止するためです。したがって対策立案時には、対策の目的を終始念頭におく必要があります。

また「複数の対策立案」は、良い対策を選ぶために必要なことです。一つの案だけでは比較ができないため、それが良いのか悪いのかわかりません。しかし、複数の案を比較することで、一つだけではわからなかったメリットや欠点、リスクを発見できたり、複数の対策を組み合わせることで、さらに素晴らしい対策につなげることができるのです。

インバスケットでは、時間の関係で、あなた自身が対策をつくることはないかもしれませんが、部下に対策立案を指示するときも、複数の対策を考えさせることで、その人の対策立案力の発揮度が観察できます。

【組織形成力③―仕組みと風土づくり】

リーダーの重要な仕事として、チームの仕組みと風土をつくることがあげられます。仕組みとは、リーダーがつねに主体的に動かなくても、自然と一定の基準で成果が出ることです。リーダーが不在になった瞬間に、チームが崩壊し、混乱するようでは、そのリーダーは立派な仕事をしたとは言えません。

よく転勤や異動などで、その部署のリーダーがいなくなってからトラブルが発生したり業績が下がることがあります。これは、そのリーダーが素晴らしい人物で、その人がいなくなったから起きたと勘違いすることがありますが、真の素晴らしいリーダーとは、自分がいなくなっても支障なく運営できるチームの仕組みをつくる人と言えます。

風土とは、チームが熟成してくるとあらわれはじめる特色や特性のことで、たとえばメンバーがお互いに支え合ったり、意思疎通が活発だったりなど、メンバーがチームの一員として自発的に特性を持つことは良い風土です。逆の場合には、責任転嫁やたらいまわし、なれあいなどが起こります。

風土はリーダーの行動や特性に大きく影響されます。今回のケースのように、提案が活発に出てきても、リーダーが興味を示さなかったり拒絶することなどが続けば、メンバーから提案があがらない風土に変わってしまいます。リーダーが基本的なマナーである挨拶を怠ったり、チームのルールを守らなかったりすれば、当然、チームもそのような風土になっていきます。

良い風土をつくるためには、リーダー自身が率先して自分が良いと思う行動をとり続けることと、メンバーの良い行動を賞賛する支援をおこなうことです。

このケースで、柴田の提案に対して何らかの褒賞金が出ないかなどを本部に提案するだけでも、たとえそれが実現しなくても、あなたのその行動は部下が観察していて、今後も活発に提案が出るような風土をつくりだすことができるのです。

第18案件
「店長、トナカイはどうでしょう？」

第18案件で特に発揮したい能力

・情報活用力

・対策立案力

・組織形成力

第19案件

「早く引き取ってください」

Eメール（未読）

差出人	管理部総務課　竹岡　敦子
題名	【ご確認】夏のアイス販売コンクール賞品について
宛先	東京中央店　店長殿
CC	
送信日時	201X年12月13日　15：40

東京中央店　殿

お疲れ様です。総務課の竹岡です。

先日メールでご依頼しました、貴店に対する販売コンクール賞品の引き取りの件、未だご返事をいただけておりません。

至急、いつ引き取りに来ていただけるのかご返信をお願いいたします。

当方の管理上、12月17日までにお引き取りいただけますようお願いいたします。

念のため、前回お送りしたメールの抜粋を添付いたします。

－－－－－－－－－－－－－－－－－－－－－－－－－－－－－－－－－－

【ご依頼内容】

本年夏におこなわれたアイスケーキ販売コンクールにおいて、
貴店は関東ブロック4位に入賞されました。

賞状については店長会議にてお渡ししましたが、粗品については
未だ総務課にお引き取りに来ていただいていない様子です。

恐れ入りますが、大至急お引き取りいただけますようお願いいたします。

あなたならどのような判断・行動をとりますか？

1	総務課の竹岡にお詫びをして、誰かに取りに行かせるように副店長に指示する。またどのようにしてコンクールに入賞したのかも報告させる。
2	着任日に自分が直接取りに行く旨を総務課竹岡に伝える。副店長にはどうして取りに行かなかったのかを報告させる。
3	粗品であることからこちらからわざわざ取りに行く必要もないので、宅急便で送ってもらう。
4	取りに行きたいが行けないので、上司の営業部長に取りに行ってもらう。

あなたが選んだ選択肢は

青山みあの判断 3

この案件もあまり重要ではなさそうね。優勝賞金ならともかく、粗品だもんね。宅急便か何かで送ってくれたらいいのに。でも、この不振の東京中央店がコンクールに入賞って、珍しいこともあるわね。

甲斐からのアドバイス

青山さん、たしかに重要ではないかもしれないけど、青山さんがこれから店長としてこの東京中央店を運営する上でのヒントが隠されているかもしれないよ。

どうしてコンクールに入賞することができたのかを探ると、今回のクリスマスケーキ予約の案件や、ライバル店出店の対策の手掛かりになるかもしれないよ。

解説　小さなことに起死回生策を見いだす

【人材活用力③―適任者決定】

チームには、リーダーやリーダーの代行者、そしてメンバーがいます。チームの中でそれぞれが役割を持っていますが、ある事柄を誰に任せるかという判断を、リーダーはおこなわなければなりません。それを「適任者決定」と言います。

リーダーはチームのメンバーすべての能力や適性を踏まえ、やるべき行動を各人に割り当てていきます。つまり、業務の難易度や重要度によって、誰に任せるかを決めるわけです。

しかし、多くの人がすべてのメンバーをうまく活用しているとは言えないようです。

よく、一人の優秀な部下に多くの作業が集中し、他のメンバーにはほとんど作業の指示が出されないことがあります。作業がある一人の人に集中しているとすると、チームのすべての実力を出し切って案件処理をおこなっているとは言えません。作業指示のムラが発生していることになります。

適任者決定の考え方の一つの例として、上位職から下位職に業務をあてはめていく方法があります。まず、自分でおこなうべき業務なのかを考え、次に、代行者がおこなうべきなのか、それとももっと下位の職位の人間でもおこなえる業務なのかと考えていきます。

また、わざとまだ力不足と思える部下に業務を任せることもあります。これは教育的意義をはらむことが多く、リーダーは失敗に備えて、力量のある部下をサポートにつけたり、失敗時のリカバリー策をあらかじめ考えたりすることが必要となります。

【洞察力】

洞察力は、先を見抜く力や、関連性の見えないもの同士をつなげることのできる力のことです。インバスケットは多くの案件が単独で出題されているように見えますが、すべての案件が一つの物語の上に成り立っており、すべて関連しています。

したがって、ある案件の出来事と別の案件の出来事をつなげて発想したり、全体の流れをつかんだ上で個別の案件を処理したりすることが求められます。しかし、多くの人は個別の案件に夢中になり、他の案件の関連性までは頭がまわりません。そこでは、洞察力があるかどうかが問題になってくるのです。

インバスケットではこのような洞察力の発揮度を観察するために、わざと問題の後半に、前半でおこなった判断が覆るような、大きな関連案件を入れることがよくあります。これはあとで読み直せばよくわかることなのですが、夢中になって単独の案件処理に没頭しているうちには視界には入りません。

しかし、インバスケットは、これからリーダーになったときの現状を再現しているので、このインバスケットの練習の場で洞察力が発揮されないと、実際の職位についたときにも発揮できないことが多くあるようです。

今回のケースでは、案件自体はあまり重要ではないものの、アイス販売コンクールで入賞したという貴重な情報があります。どうして入賞したのかなどの経緯を確認することで、全体の流れの把握や他の案件を絡めて考えることができます。この情報がひょっとすると東京中央店の起死回生の策になるかもしれないのです。

第19案件で特に発揮したい能力

- 人材活用力
- 洞察力

第20案件

「ケーキが……ケーキが……」

連絡ノート

新店長様　　　　　　　　　　　　・12・14・

やっちゃいましたッ!!!

本日12月14日の発注で桁を間違えちゃいましたあッ。

ごめんなさいッ!(反省)

スペシャルビッグモンブランが
4日後に2000個入ってきます!

どうしましょう。

20個でよかったのに2000個も……超ショックです(T∀T)

こんなに入ってきたらお店の冷蔵庫に入らないです。

チーフには先月もダブルビッグレアチーズケーキを1300個発注して、こってりと怒られたので相談できず、副店長に相談すると、責任とって買って帰れ!と怒られちゃいました。

本当にごめんなさいッ(。≧Д≦。)

全部は買えません。買えても10個くらいです(涙)

柴田　奈々♥

あなたならどのような判断・行動をとりますか？

1	立花に至急、商品の発注取り消しをするように指示をする。取り消しができないようであれば、入荷に備えて、他の店舗への引き取り依頼や、特別セールの準備などで売り切る体制の準備を指示する。金田副店長にもサポートとして支援をさせる。
2	前回も同じことがあったようなので、自分が判断しなくても誰かがなんとかするはず、ここで安易に口をはさむと柴田本人のためにもならないので静観する。
3	柴田にどうしてこのようなことになったのか、経緯を着任後に報告させる。
4	金田や立花にも指導教育責任があるので、それぞれスペシャルビッグモンブランを最低10個ずつは買っていくように指示をする。

あなたが選んだ選択肢は

青山みあの判断 1

ああっ。柴田奈々って……思い出したわ。たしか半年ほど前にも、ビッグチョコエクレアを2000個間違って仕入れて、ベソかきながら助けてくださいと三ツ谷店に持ってきたっけ。この子が私の部下になるの〜？　でも、今回の件は4日後だからまだ止められるかも……。きっと誰かが止めてくれるはずよね。

……でも、誰も止めなかったらどうしよう。本当に2000個入ってきたら大変なことになるわ。金田副店長に指示をしなくちゃ。いや本来は奈々ちゃんの直接の上司は立花チーフだから彼女に対処させるべきね。金田さんはそのサポートにあたるように指示をしてっと。これで大丈夫かしら。

それと、本当に2000個入ってきてしまう可能性に備えて、他のお店に引き取りのお願いや、とにかくできるだけ売り切る工夫がいるわね。それも念のために指示しておこう。

甲斐からのアドバイス

そうだね。まずは緊急事態への対応が先決だ。

誰かがするだろう、と思うのはよくないね、せめてリーダーは対処の方向性だけでも指示を出しておくべきだね。その点で青山さんの対応は素晴らしいと思うよ。でも実はこの問題は、この対処で終わりではなくて、リーダーがしなければならない大事なことがまだ残っているんだよ。

それは「再発防止」と言って、原因を追及して、同じことが発生しないように対策を打つことなんだ。本当のリーダーの役割は、緊急事態が起こったときの対応より、緊急事態が起こらないように防止することなんだよ。

解説　予想外のトラブル対処法

【問題発見力⑧—細分化して考える】

大きなくくりで案件全体を問題ととらえてばかりではいけません。もっと問題を細分化する必要があります。全体像をおおまかに問題と提議すると、それに対する対策もあいまいになってしまうからです。

この案件にもさまざまな問題点が隠されています。あなたはいくつ発見できたでしょうか。

・ケーキが2000個誤って入ってくること

・副店長が責任をとって本人に買い取らせようと指導したこと
・柴田が立花に相談せずに副店長に直接相談したこと
・柴田が何度も同じミスを繰り返していること

このように一つの案件にはいくつかの問題点が隠されており、それをどれほど発見できるかで、今後の対応と、組織の課題形成が変わってきます。したがって、問題点はできるだけ多く抽出するのが望ましく、表面的に考え「たいしたことがない」や「問題にしても仕方がない」などと打ち消さないことです。まずは問題点を複数抽出して、それらを整理して、分類する必要があります。

問題発見は探そうと思って見つけることができる場合と、直感的に感じる場合があります。直感的に感じる問題点とは、出来事や現象に対して「何か変だな」とか「あれ?」と思うことであり、多くの方が同じように感じる点でもあります。

この直感的におかしい、と思うことのほとんどは、問題意識を研ぎ澄ませないと、そのまま気にせずに放置されることが多いのです。

問題を抽出したら、分類し、次に、どの問題から処理をするのかを優先順位をつけていきます。なぜならば抽出した問題には、すぐに対応するべきものや、長い時間をかけるべきものなど、いろいろあるからです。このケースでは、ケーキが2000個入ってくるという問題点を先に解決すべきです。

たとえば火事になったとき、消火器置き場に消火器がないのを発見したとしても、どうしてなどあるべき場所にないのかと考えることはしないですよね。鎮火することが先決だからです。

そして優先順位をつけながら、分類された問題を解決していきます。
問題発見のポイントは「現在」だけにとらわれないということです。これは今現在起きている問題は、過去にも起きている可能性があり、将来も起きる可能性が十分あるからです。時系列で問題がないのかを探すと、多くの問題点が発見できます。

【対策立案力②――リカバリー策】

先ほど、問題点は複数あげることがポイントである、と説明しました。さらに、場面の各状況に応じて対策を考えることも重要です。各状況とは、ある事象が発生した場合と、そうでない場合、また最初に出した対策が失敗した場合の対策などです。

このケースのように、不確定な状況下で緊急に対策を練らなければならない事態に遭遇することが管理者なら多くあります。そのような場合は、場面ごとに対策を考え、ヌケ・モレのない対策立案が必要になります。なぜなら、仮にある一つの状況を想定して一つだけ対策を立てたとしても、その状況にあてはまらなければ意味がないものになってしまうからです。

たとえば、子どもにA社製のパンを買うようにお願いをし、お使いに行かせるとします。しかし、お店にA社製のパンはなく、B社製のパンならあるという状況になったとき、子どもはどうしたらよいのかわからなくなるでしょう。判断力のある子どもなら、その場で別の行動をとるかもしれませんが、多くの場合はA社製のパンがないという状況では、A社製のパンが買えないという結果しか受け入れることができません。そこで、A社製のパンがないときにはB社製のパンでもよい、と指示を加えておけば、予測と別の状況になっても判断が可能となるのです。

もちろん、あまり重要でない案件などでは使いませんが、重要かつ緊急度の高い案件では確実に処理をおこなうために、××なら△△というように、いろいろな状況に応じた対策の立案が必要なのです。

あわせて、はじめに出した対策が失敗した場合の対策も用意しておくと、さらに案件処理の実施度は上がります。これをリカバリー策と言います。

たとえば、ある商談である条件を相手に提示したとしますが、その条件では合意に至らないとき、つまり最初の対策が失敗したときに別の条件を用意しておくのが、リカバリー策です。

そして最後に、対策には必ず優先順位をつけることです。あなたが思い浮かべた対策をそのまま相手に伝えても、とらえ方によっては、あなたの意図とは別の順番で対策を実施してしまうこともあるからです。

「まず××をおこない、次に△△をおこなう、それがダメなら◎×をおこなう」というように、対策の実施の順番に優先順位をつけることで、精度の高い案件処理がおこなえるのです。

【課題形成力】

「課題」と「問題」は、ときに混同して使用されますが、性質はまったく異なるものです。課題とは、問題点を解決する意思がうかがえるものです。たとえば、あなたが車を運転しているとします。ガソリンメーターはガソリン残量がほとんどないことを示しています。「ガソリンがなくなる」というのが問題点です。これに対し課題は、「ではどうするのか」という分析が入り、解決の方向性が含まれたものとなります。この場合、「ガソリンスタンドを見つける」などが課題となります。

大事なのは問題点を発見し指摘するだけではなく、それをどのような解決方向にもっていくのかということです。組織には、ただ問題点を指摘するだけのリーダーは不要なのです。

このケースでは、さまざまな問題点が発生しています。ケーキが2000個入ってくるという問題点は、「なんとかして入荷を食い止める」という課題があります。

では、柴田が何度も同じ失敗を繰り返しているという問題は、どう課題に変えるべきでしょうか。「柴田が同じ失敗をしないようにする」では、どのように同じ失敗をしないようにするのか、方向性がわからないため、課題とは言えません。「柴田の発注作業後のチェックの教育を実施する」などが、課題です。

また、リーダーはこの案件だけを解決するためだけにいるわけではありません。組織全体の課題も抽出しなければなりません。

この20案件を通じて、さまざまな問題点が出てきましたが、これらを通して「ケーキのたま東京中央店」の課題をいくつか抽出することも重要です。

たとえば部署間の対立という問題点に関して、あなたが考える課題は何でしょうか。

副店長の仕事の進め方や判断基準についてはどうでしょうか。

組織の課題とは短期間ですぐに解決できるものではありません。中長期的な視点でそれらを解決するのがリーダーの役目であり、これら同じ案件からどのような課題を形成するかによって、チームとしての成果や質も変化していくのです。

第20案件で特に発揮したい能力

・問題発見力
・対策立案力
・課題形成力

エピローグ

ケーキのたま、その後

みあは研修期間中もずっと、自分が店長になって良いのか、お店のみんながあたたかく迎えてくれるのかなど、答えが出ない問いに心を悩ませ、もっと自信を持つべきだと自分に言い聞かせる日々を送っていた。そして、研修に出る前に処理した案件の判断が、本当によかったのかということもずっと気がかりな点であった。しかし、いくら考えてもその答えはわからない。

今回の研修では、欧米の洋菓子業界に加え、近年伸びている中国、韓国などの市場も見学した。その過程で、日本の品質はトップレベルではあるものの、新興国の技術革新は目をみはるものであること、そして、今後はさらなるグローバル化が進み、激しい社会変動が起きると予想されることなどを学んだ。そして、今までの日本の年功序列や終身雇用は、日本独自の制度であることをあらためて知り、これからは部下が年上であることも珍しくないばかりか、今後はさまざまな国籍や民族など、多種多様の価値観を持った人間が一つの職場で働くことになるだろうと強く感じた。

研修が終わり、日本へ向かう飛行機の中、窓の外に広がる雲の海と、太陽の光をさんさんと浴びる大きな翼を見ながら、これから自分が店長という未知の世界で、どのようなスタンスで仕事をするべきかを考えていた。

「お飲み物はいかがですか」

そこへ、一人のＣＡ《客室乗務員》が話しかけてきた。

「ありがとう。じゃあ、ジャスミンティーを……」

あたたかいジャスミンティーを受け取って、彼女の行動を観察した。

（どうして、この人はいつもニコニコしているんだろう？）

ふとみあは思った。

一つの作業をおこなっていても、必ずまわりに配慮する。そして、いろいろな乗客の要望に優先順位をつけて対応をしていく。また安全面で危険のある行為をした乗客には毅然とした対応をとる。

みあは、自分が日本を発つときに処理した案件を思い出しながら、彼女の機敏な動きを自分の案件処理と重ね合わせていた。

突然機体が大きく揺れた。機内がざわめく。

安全ベルトの着用ランプがついて、ＣＡたちも着席した。

揺れはしばらく続き、前方席の小さな子どもが泣き出した。みあの隣の席の老夫婦もおびえている様子である。

そのとき、あのＣＡの声が機内アナウンスで流れた。

「ただいま乱気流で機体が揺れましたが、飛行上まったく問題ございません。ご安心ください」

その声はとても落ち着いた声であった。みあは顔を通路側に少し出してＣＡの姿を探した。

そのにこやかな表情はまったく変わることがなく、みあと目があったことに気づくと、ほほえみ返してくれた。

（そっか、ＣＡさんが怖がったり、動揺したりすると、機内の乗客もさらに怖がるんだ。彼女たちは揺れにも慣れているからあまり動揺しないし、機敏な対応ができるんだ。

私も、一つのチームを預かったのだから、自分が頼りなかったらみんなが心配するし、早くこのＣＡさんのように仕事に慣れてみんなに信頼されなくてはね）

そして成田空港に飛行機は降り立った。

みあはプロの管理者として今日からデビューする気持ちをさらに強めながら税関を通った。

そして、実に約１週間ぶりに、携帯電話の電源を入れた。

「何かあればメールをください、帰国後すぐに確認します」と書き残していったので、電源を

エピローグ
ケーキのたま、その後

入れた瞬間に多くのメールや着信通知が届くはずだ。

モノレールの改札をすり抜けると同時に、数件のメールを受信した。すぐに目を通す。

あれ？

お店や会社からのメールは、一つもなかった。

おかしい……。もう一度、メール問い合わせをしてみる。

「新しいメッセージはありません」

この沈黙が逆に、店長としての自分の立場を否定されているような気がして、胸さわぎをおぼえながらすぐにお店に電話をかけた。

「ありがとうございます、ケーキのたま、東京中央店です」

やたら明るく、リズミカルな声の女性が出た。

「あ、今度店長でお世話になる青山と申します」

不意を突かれたみあは、変にあわててしまった。

（ああっ。もっと落ち着いて第一声を発するはずだったのに……）

「あ、新店長ですかあっ。柴田奈々でーす。はじめまして！　えっと自己紹介しまーす。奈々の趣味は……」

「あ、柴田さん、自己紹介はとりあえずいいから……ところで、お店は大丈夫？　何か変わったことなかった？」

「変わったことですかあ、そういえば今日、うちのハムスターが赤ちゃんを産んだんですよ。3匹も！　もう奈々、超ハッピーで！」

「いや、あなたの変わったことではなくて……」

「あっ、店長、すみません、カウンターが混みあって呼ばれてます。ご用件がなければこれで奈々は失礼しまーす」

「し、柴田さん。ちょっと待って、今からお店に行くとだけ、みんなに伝えて」

聞こえたか聞こえなかったのかわからなかったが、はーい、と甲高い声が返ってきたような気がする。

（まったく、あの子ったら……ともかくお店は無事に営業しているみたい、よかった）

電話を切ると同時に、すべり込むように入ってきたモノレールに、みあは大きなトランクを抱えて乗り込んだ。電話での第一声は失敗したので、お店に入るときは必ず店長らしくしようと心に決めたみあだった。


　モノレールと電車を乗り継いで、東京中央駅に着いた。改札を抜けて、クリスマスのイルミネーションが飾られているショッピングモールの奥に、みあの新しい店がある。

　この角を曲がればお店が見える。高まる動悸とともに曲がる。

見えた。

エピローグ
ケーキのたま、その後

久しぶりに見た王冠マークのケーキ屋さん。

ケーキのたま東京中央店である。

50メートルほどの距離を速足で向かう。

どうやら、何事もなく営業しているようだ。カウンターは3人体制で対応をしているが、それでもお客様が二重になって、ショーケースを囲んでいる。まわりのお店にはそれほどお客様がいないのだが、ケーキのたまだけはひとだかりができている。

（あれ？　あのトナカイの着ぐるみをきた男性は……金田さん？　でも金田さん、今日は有休を申請してなかったっけ……？）

遠くから見るとトナカイのようなのだが、近くで見るとやたら首が長く、キリンのように見える。どうやら手作りである。

おもわずみあはふき出した。すると、トナカイの男性はみあに気づき、近づいてきた。胸に〝金田〟というネームプレートが光っている。

「お客様、ケーキのたまのクリスマスケーキはもう予約されましたか？」

そう言ってクリスマスケーキの予約パンフレットをみあに差し出した。

「いや、私、あの……店長になった青山です。はじめまして」

金田は目をまるくした。

「あ、こりゃ、失礼、店長でしたか。写真で拝見しましたが、帽子をかぶられていたのでわかりませんでした。わたくし、副店長の金田と申します。さあ、どうぞ」

（よかった、店長って呼んでくれた）

今までの不安の半分ほどが消えて、心が軽くなったような気がした。

そのやりとりに気づいたカウンターのスタッフも、店内に入るみあに対し、接客しながら目で挨拶をしてくれた。


何から話していいかわからなかったが、何か話さなくてはと思い、みあはとっさに、

「すごいお客様ですね」

と金田に声をかけた。

金田は、

「いつもはそんなに混まない時間なのですが、店長から指示のあった、柴田のアイデアの紅茶ケーキですか？　あれを本社に情報で上げたところ、東京中央店だけでまずは限定販売しようということになりまして……」

「よく売れているんですか？」

「ええ、発売3日目ですが、本社の広告宣伝部がマスコミにニュースリリースをしてくれて、おととい、生放送の取材が入ったんですわ。それで、一気にお客さんが押し寄せたというわけです」

エピローグ
ケーキのたま、その後

応接セットらしき、長机とイスに腰をかけて、金田がお茶を入れながら話を続けた。

「実際、今まで本社に情報を上げたとしてもほとんど無視されていたので、最近はまったく情報さえ上げなくなっていたんですが、今回は社長命令らしく、本社あげて2日で試作品を作り上げたそうです。私自身も、紅茶のケーキなんて売れるとは思いませんでしたが……時代は変わりましたね」

「そうですか、それでは柴田さんにご褒美をあげないとダメですね」

「いや、店長、例のケーキ２０００個事件の件がありましたから、差し引きゼロです」

金田はそう言って笑いながら、みあにお茶を差し出した。

（そうだ、２０００個のケーキはどうなったんだろう）

「その柴田さんの発注ミスは止まったんですか？」

みあは手帳を広げながら、神妙に聞いた。

「ああ、あの件は、結果的には止まりました。と言うより、差し替えたと言ったほうがよいかもしれません」

「差し替えた？」

「ええ、あの時点ですでに、生地部分は下請けメーカーが製造を開始していたので、止められなかったんです。そこで、上のムースをモンブランから紅茶ムースに変えることはできないかと、商品部に問い合わせたんです。するとそれが実現して、テレビ放映とタイミングが合い、

2000個でも夕方前に完売して、さらに追加でオーダーをかけたほどだったんです。あのときに店長が指示をされなかったら、柴田に買い取らせて、あとは廃棄だったかも……」

「金田さん、あの、その……買い取らせるとかは……」

「はは、冗談ですよ。柴田は本気でとってしまったようですが」

「そう、冗談でしたか……」

（私も本気にしたんだけどね……）

金田は手帳を取り出した。みあは、優先順位の高い案件から、不在中の引き継ぎを聞いた。


まず、案件8のお客様からのクレームに関しては、本社にも同様の投書があったらしく、本社のお客様サービス担当と金田副店長がお詫びに行き、納得いただいたとのこと、閉店時間を早めたのは金田だったが、実は前任の店長が、商品がないときはお客様からクレームが来る可能性が高いので、いっそ閉店時間を前倒しするように決めたそうだ。当然、みあは今後は営業時間を守るように再度指示をした。

案件17の衛生用品の発注の件は、社内規定に反したということで、金田が自主的に顛末書をみあに差し出した。みあはそれを受け取り、自分が考える判断の優先順位を金田に話した。

案件11の廃棄商品持ち帰りの件は、結局事実がつかめなかったらしい。ただ、その日の朝礼で全員に対し、再度社内規則遵守の徹底と、違反者には厳しい処分をする旨を伝えてからは、規律が引き締まったようだ。

案件4のライバル店のミケスイーツは、洋菓子ではなく和菓子店を出店した。それを知ったマスコミが和菓子対洋菓子対決として、今度取材に来るらしい。逆に好機かもしれない。

案件10の柴田のシフトは、コンプライアンスにもとづき、見直しが完了したそうだ。他のメンバーの勤務シフトも精査し、現在は過去の勤務状況についても調査をしていると金田は報告した。

案件12の特設コーナーに関して、金田から二つの案がみあに渡された。一つは紅茶のクリスマスケーキフェアと、もう一つは和洋折衷ケーキフェアである。これは両部門の商品をミックスした企画で、今後みあは、全員の意見を聞いて、どちらかにしぼろうと考えた。

案件16の仲あゆみの退職の件は、金田が本人と話をしたところ、本人としてはこのまま多摩洋菓子の正社員を目指したいのだが、両親が彼女の将来を思って反対しているらしい。明日、両親が来社されるらしい。きっと彼女が生き生きと働いているのを見て、両親も考えを変えてくれるにちがいないとみあは思った。

案件18の柴田の提案メモの件は、ケーキのたまの空前のヒット商品となる可能性が高く、本社では現場からの情報を多く上げるべきだと、情報のあり方について議論されているらしい。トナカイの着ぐるみは従業員の中でも慎重論もあるらしく、とにかく、金田が手作りのトナカイの着ぐるみでどのような効果があるかを実験していたらしい。

案件9のとろけるミルクケーキの件は、商品部が専用パッケージを開発するのに合わせて、店舗でもドライアイスの増量などを検討した結果、徐々に売れ行きが上がっているとのこと。

案件13のクリスマスケーキ予約の不振原因は、昨年よりもＰＲ活動が遅かったのに加え、大口の法人や駅前のデパートでの予約活動をおこなっていなかったためだとわかり、金田がすぐにデパートと昨年の法人にアプローチをしかけた。また駅前で全従業員が交代でクリスマスケーキのビラを配っているらしい。昨日、ようやく昨年並みまで受注実績が上がったそうだ。

案件15の冷蔵ケースの入れ替えは、老朽化のおそれがあるという、本社からの指示だった。が、特に異常はないため、交換は延期したとのこと。どうやらそれほど老朽化は進んでいなかったが、本社のメンテナンス部門では、予算があるうちに交換したいという意向だったらしい。お店にとってはムダな出費をおさえられたことになる。

なかには、あの日の60分間にみあがおこなった判断が、正しいとは言えないものもあった。さらに、みあの海外研修期間はＳＶの甲斐の不在期間ともかさなってしまった。しかし、本社から別のＳＶが派遣され、お店に対する手厚いサポートがあったようだ。金田の報告によって、その他の案件もほとんどが解決の方向に向かっていることがわかり、みあはひとまず胸をなでおろした。

そして、みあの研修中にも、新たにみあ自身が判断をおこなう必要がある案件が発生したことを知った。

金田は報告をし終えると、神妙な面持ちで頭をなでながら、言った。

「最初のメールの挨拶で、店長には大変失礼な言い方をしたのを後悔しています。実は前任の店長から『自分が退職したら君がおそらく店長になるだろう』と言われていたのですわ。事実、私は４年前まで店長として仕事をしていたのですが、衛生管理で事件があり、その際に副店長に降職になったんです。４年間も（いつか店長になれる）と思って待ったあげく、新しい店長が自分よりかなり年下のしかも女性……いや失礼。ということで、自分は会社から必要とされていないと感じたのです。

でも、よく考えると、今回店長の引き継ぎや案件処理を拝見して、たしかに自分は店長としてはまだ十分ではない、何を思いあがっていたんだろうと反省したわけですわ。

もし、使いにくかったら遠慮なく言ってください。……いや、どこか他のお店に転勤願いを出してもいいと思っています」

金田は握りこぶしを両ひざの上に置き、少しうつむいた。

みあは正直なところ、（できれば部下は自分より年下がいい、教えれば成長するし、なんせ自分が使いやすい。金田が転勤してくれれば……）と研修中に思っていたことを強く反省した。

（この人はこの会社で自分なりに全力で尽くしてきたし、プライドを持って仕事をしてきたのに、私ったら邪魔者扱いしたり、頼りなく思ったり……でも、彼からまだ教えてもらうこともたくさんあるし、これで私の大きな目標もできたわけね……）

みあは金田に向かって、ゆっくりと、そして自信をこめてこう告げた。

「金田さん、私はまだ若輩者です。だからこそ、あなたのようなベテランが副店長でいらしてくださったら助かりますし、私は、金田さん含めこのお店のスタッフをステップアップさせる責任がありますから、私と一緒にこの東京中央店でがんばっていただけないですか」

金田は一瞬考えたが、

「ありがたいお言葉なのですが、本当に私はもう一度店長に戻ることができるのでしょうか。前の店長からも今店長が言われたのと同じことを言われ続けててこのざまです。本当に期待していてよろしいんでしょうか」

「それは私にもわかりませんが、今後の金田さん次第じゃないかと思います。私はその援助を精一杯するつもりですし、あとは金田さんが本当に店長になるために、ご自分に何が必要なのかを見つけることができれば、夢はかなうんじゃないでしょうか」

金田は少し目を潤ませたように見えたが、カウンターのほうから「副店長！」と声がしたため、みあに一礼して事務所を出た。

みあも金田のあとを追ってカウンターに向かった。さらにお客様の列はのびており、柴田奈々がお客様の数をカウントしている。どうやら、紅茶ケーキがもうまもなく売り切れそうだ。

金田は列の整理をしはじめた。

みあも応援に出たいところだが、まだ制服がなかった。店長がさっそく規則を破るわけにはいかない。

すると、少し白髪の混ざったすらりとした女性が、みあに気づいたらしく、スッとカウンターを抜けてみあにそっとロッカーのキーを渡した。

「はじめまして、進物の二階堂です。店長の制服はこのロッカーにご用意しています。もしサイズが合わなかったらおっしゃってくださいね」

「あ、ありがとうございます」

（この人が二階堂さんかあ、さすが母親役だけあって気がつくわね）

みあがロッカーで着替え、再びカウンターに向かうと、ちょうど紅茶ケーキが売り切れた様子で、カウンターまわりは騒然となっていた。どうやら柴田奈々がカウントを間違えていたらしく、買えないお客様から不満が出ているようだ。

柴田奈々も今にも泣き出しそうになりながらお客様に謝っている。

「すいませーん。失礼しまーす」

そこに、通路の向こう側からケーキを積んだ台車を押す男性が近づく。

「おまたせしましたー。紅茶ケーキ、ただいま入荷しました」

ＳＶの甲斐だった。甲斐が直接工場から自分の車で追加の紅茶ケーキを運んできたようだ。甲斐はもみくちゃにされながらも、ようやくカウンターに近づき、それと同時にまた販売が再開され、お客様の列が形をなしていく。甲斐も制服に着替え、応援に入った。

「甲斐さん、ありがとうございます」

みあは甲斐に礼を言った。甲斐はみあの横に立つと、やさしいまなざしを向けた。

「青山さん、お帰り。研修どうだった？　あ、今はそれどころじゃないね。とりあえず僕はカウンターに入るから、青山さんはお店全体を見わたせる場所で指示を出してね」

「あ、はい。でも、私はカウンターのほうが得意なんですけど……」

「ダメダメ。今日から店長なんだから、今までと同じスタイルじゃダメだよ。リーダーはいつも全体を見て、かつ、メンバーが対応できない事態が起きたときに、すぐに対応できるようにするべきなんだよ」

「そっか、わかりました」

みあは、お店全体を見わたせる場所に立ち、お客様の誘導をおこなった。そしてすぐにアクシデントが起きた。

小さな男の子が持っていた、買ったばかりの紅茶ケーキの入った箱を床に落としてしまったのだ。

「うわーん」

大きな泣き声が店内にこだまする。若いお母さんは厳しく男の子を叱りつける。他のお客様も、どうしたものかと横目で見ている。

（甲斐さんの言うとおりね。自分が作業に入っていたらこんなときに対応できないわ）

みあはすぐに駆け寄り、

「お客様、どうされましたか？」

と声をかけた。

「ごめんなさい。うちの子がケーキを落としてしまって……でもいいんです。もう並んで買う時間もないので」

みあは考えた。通常なら、せっかく買っていただいたケーキなので、新しいものとお取り換えするべきなのだが、落とした場所が店内を出た、隣のお店の敷地だったのだ。

多摩洋菓子のマニュアルでは店内で落としたり、破損したりした商品はお取り換えできるとあるが、今回のケースはマニュアル外である。

（どうしよう、店長が着任してすぐにマニュアルを破ったら示しがつかないわ）

そのとき、紅茶ケーキの入った箱をみあに差し出す女性がいた。立花だった。

「店長、どうぞ」

「あ、ありがとう」

みあは、素直にケーキの箱を受け取り、立花に会釈した。

そして、お客様に差し出した。

「お客様、こちらとお取り換えします」

若い母親は、最初は遠慮したものの、申し訳なさそうに、

「ありがとうございます。ほら優。店長さんにお礼を言って」

男の子は目をキラキラさせながら、

「ありがとう。お姉ちゃん、ケーキ屋さんの店長さんなんだあ。すごいなあ。僕も大きくなったらケーキ屋さんの店長さんになる。いいよね、ママ」

若い母親とみあは一瞬とまどったが、見つめ合うと笑った。


そうして閉店の20時になり、店にもようやく静けさが戻りつつあった。

「店長、申し訳ない。研修で帰ったばかりでさっそく仕事させてしまって……」

「金田さんこそ、残業お疲れ様でした。何か他に連絡事項があれば聞かせてください」

みあが金田と話をしていると、事務所が突然真っ暗になった。

(え、停電？　どうして急に……)

すると、クラッカーの音と同時に、歌声が響いた。

「♪ハッピーバースデー、店長、ハッピーバースデー、店長♪♪♪」

ふと、電気がついたと思うと、そこには大きなバースデーケーキが用意されており、24歳を

示すキャンドルが立てられていた。そしてまわりには、みぁを囲んで、東京中央店の従業員が全員、あたたかい拍手と笑顔で立っている。

(そっか、今日は私の誕生日だったんだ)

それを見た瞬間に、今までの緊張の糸が切れ、みぁの目にとめどなく涙があふれて来た。

「ぐすっ。み、みなさん、ありがとうございます」

金田がその様子を見て、

「じゃ、新しい店長から挨拶を……」

(え、こんなくちゃくちゃの顔で、もっと店長らしく挨拶したかったのに……)

「ぐすっ。店長のあおやまです。ぐすっ。みなさんよろしくお願いします」

全員、声をそろえて挨拶をした。

金田は、

「では明日から青山店長のもとで、この東京中央店を多摩洋菓子の一番店にしたいと思いますので、よろしくお願いします。では、今日はこれで解散」

と、はきはきとした声で皆を解散させた。

そして、

「あとの閉店作業はやりますので、今日は先にお帰りください」

と、みぁの背中を押した。

ロッカーをあとにしたみあが大きなトランクに手をかけると、横から白いワイシャツの手が伸びてきてみあのトランクをつかんだ。

甲斐の手だった。

「お疲れ様。疲れただろう。よかったら送っていくよ。おなかも減ってるだろうから、食事も一緒にどうかな」

「え、いいんですか？」

「うちの会長の孫娘をこんな夜中にひとりで帰らせるわけにはいかないからね」

「え、甲斐さん知ってたんですか？　私がおじいちゃん……いや、創業者の孫ってことを」

「それはね……」

ガッチャーン。ガラガラ。キャー！

二人が話しながら事務所を出ようとしたとき、大きな音と悲鳴が背後から聞こえてきた。

「店長〜っ。やっちゃいましたああっ」

柴田奈々の声に、みあと甲斐が、ほぼ同時に反応した。

「こんどは何をしたのっ」

終わり

終　章

さらなる
可能性を秘めた
インバスケット

インバスケットの活用法

インバスケットを経験されていかがだったでしょうか。

インバスケットには、絶対的な正解は存在しません。また、正解を評価するトレーニングツールでもありません。ですので、正解しているかどうかよりも、あなたの能力を出し切って望めたか、そして主人公の青山みあや、売場指導員の甲斐の助言などから、あなた自身に反映できる気づきがどれほどあったのかが、得られた成果と言えます。

需要が伸びつづけるインバスケット

インバスケットの歴史は、１９５０年代にアメリカの空軍で、将校候補生の学習の習熟度や応用度をはかるために開発されたと言われています。おそらく、刻々と状況が変化し、突発的な事態が起こる戦場で、士官学校で学んだ知識や技術が実際に活用できるかを模擬体験する意味合いで使われたのでしょう。

その後、この訓練方法が民間企業に取り入れられて、現在は大手企業の多くで、経営幹部候補や管理者などの選抜試験や教育目的で活用されています。

インバスケットを活用する企業は、ここ数年でさらに増えています。弊社だけでも、多くの企業様にインバスケット導入のお手伝いをしていますが、この背景には、最近の社会情勢と環境の変化があります。

まず、熟練した管理能力を持った人材が、定年退職などで大幅に少なくなり、逆に、十分な経験を持っていない若い管理者が増えている点です。企業の賃金管理の観点からは、管理者の賃金コストが下がり、歓迎するべきかもしれませんが、いざと言うときに不測の事態に対応できない、また、意思決定ができないなどの、組織に甚大なリスクを与えかねない結果を招いています。

次に、管理者のポストの減少です。多くの企業で、組織のフラット化が進み、従来一つの部署を管理すればよかったのが、複数の部署を見なければならないなど、管理範囲が広がっています。それによって、管理者の人数は少なくなる一方で、管理者には高度な管理能力や職務遂行力が求められます。

また、管理者登用は、過去の実績や勤務態度などで決定しており、いわゆる現場で強い人間がそのまま管理者になるスタイルとなっています。管理者に登用後も、管理者のための特別な教育はほとんどおこなわれず、自分なりに試行錯誤し、管理能力やマネジメント能力を築いていくことになりますが、現在の社会情勢はめまぐるしく変化し、部下の多様な価値観への対応やコンプライアンス遵守、メンタルヘルス対策などの問題などが増えており、以前のような経験と勘と度胸（いわゆるＫＫＤ）では組織運営ができなくなっています。

このような背景から、管理者の教育や選抜にあたって、これらの問題を解決する道具がないかと、多くの経営者や人材開発担当者の方が探し出したのがインバスケットです。

何度も説明しましたが、インバスケットは短時間に、かつ不明確な状況下で多くの案件を処理するという仕事の進め方を確認するゲームです。また、単に多くの案件を処理するだけではなく、精度の高い処理も求められます。処理の方法も、自分自身が動くのではなく、部下やまわりの部署などを活用しながら、あたかも実際の会社組織の中での仕事のように指示をしていきます。

これは実際の管理者を取り巻くリアルな環境の再現であり、夢物語ではありません。案件も、顧客からのクレームや事故、部下からの相談など、実際に起こり得る案件ばかりを揃えています。

このように、現実的で、かつ今まで観察できなかった意思決定の方法や仕事の進め方、人や組織の活用方法、マネジメント力などが観察できるインバスケットに、多くの企業が目をつけ出しているのです。

インバスケットは、学問ではなく道具です。インバスケットは、あなたの実力を出し切る機会を与えているだけであり、実際に活用するのは、あなた自身に秘められた能力です。

道具は、使い方次第でさまざまな応用、拡張ができます。

インバスケットも、現在、さまざまなシーンで活用されつつあります。

その事例をいくつかご紹介しましょう。

個人の能力開発

インバスケットは、今持っている能力や知識をどれだけ出すことができるかという、アウトプット型の教育ツールです。

今までの自己啓発は、知識の吸収を中心とした読書やセミナー受講などが主体でした。しかし、知識や情報を詰め込んでも、それを活用できなければ意味がありません。

たとえば、インターネットを使った情報活用方法を習得したとしても、実際に問題を発見できなければ、どのような情報を集めて良いかわかりませんし、単なるネットサーフィンに終わってしまうことがあります。

また、問題解決に関する本を数冊読んで、理解できたつもりでも、現実には複雑に絡み合う問題が多く、それを応用しなければ実際に解決できませんし、論理的な分析ツール（ＷＨＯＴ

ツリーやフローチャート）を書いて案件処理するような時間も、実際にはないものです。これらは、あくまで「考え方」という知識なのです。

インバスケットは、このような、あなたに蓄積された知識やノウハウを使って、実際に起きるイベントや案件を処理し、活用できるようにする道具です。知識やノウハウは使ってはじめて、実力になるのです。

また、インバスケットで活用する能力は、あなたがこれから遭遇する、人生上の大きな転機の際にも必ず活用できます。私自身もインバスケット・トレーニングをおこなって、長い人生という尺度の中で、何に力を入れるべきかを考えるようになりましたし、体の健康維持や予防にも、自発的に取り組むようになりました。

私の場合は、前職の企業を退職するという大きな判断をしましたが、それもインバスケット的な考えがあったからこそ、それが良い判断であると確信し、出張のような軽い気分で職を変わることができたのです。

社会で働く人は誰しも、職業を変えるときには大きな決断と不安や迷い、そして孤独を感じると思います。だから、今の組織や企業内でどのように人生を満足させるのかという限定的な選択肢になりがちです。しかし、インバスケット思考で考え、今自分が抱えている本質的な問題を抽出し、それらを分析し、さまざまな情報収集をおこなって複数の選択肢をあげて、合理的な方法によって意思決定すると、違った選択肢も出てくると思います。

もちろん、これが唯一の正解ではありませんし、押し付けるつもりもありません。ただ、このような考え方もあるのだという、あなたの判断方法の一つとして頭に置いていただきたいのです。

このように、今までさまざまな勉強や経験をされた方が、個人の能力開発として活用されるケースが増えており、さらに多くの方に活用していただきたいと考えています。

現職の管理者の再教育

先ほどもお話ししたように、たとえ大手であっても、現職管理者の登用を、いまだに現場での実績と上司の評価だけでおこなっている企業が多く存在します。また、管理者になってからの教育も、ほとんどされていないのが現状です。

管理者は見よう見まねで管理者の仕事を習得し、そして現場時代と変わらない自分のスタイルで仕事をおこなおうとします。本来あるべき管理者としての仕事の仕方を教えられていないのですから、これは彼らが悪いのではありません。

今、このような管理者のいる企業から、インバスケット導入のご相談を多くいただきます。

その多くが、管理者層の問題解決思考が足りないなどの指摘を経営層から受けてようやく、どのような教育をすればよいのかと人材開発担当者の方が考えだすことがきっかけのようです。

現職の管理者は、すでに管理業務を日々おこなっています。

その彼らに、今さら、管理者としての心構えや行動の取り方を講義しても、効果はありません。なぜなら、すでに管理者としての心構えや行動の取り方はできあがってしまっているからです。

一度できあがったものを変えてしまえば、彼らの管理者としてのプライドをつぶしかねません。それより彼らに、みずからの仕事の進め方や業務の処理方法を棚卸しさせて、気づきを与え、修正をみずからおこなわせることが効果的なのです。

インバスケットは、通常発生し得るケースを扱っており、また、自分が主人公になりきって処理するので、主体的かつ現実的な教育ツールであると言えます。

そして、スコアリング（回答を点数化すること）をおこなえば、客観的な数値で比較が可能になり、判断方法として何のプロセスが抜けている傾向があるのか、また、対人関係に関してどのような特徴があるのかなどを調べることができます。

また、社内の管理者同士の比較だけではなく、他のクライアント企業や、個人でトレーニングされている管理者の平均スコアと比較することも可能です。全国一斉学力検査のようなイメージです。

そうすると、企業ごとの管理者の考え方の差も浮きぼりになります。ある企業は問題意識や分析能力が高い管理者が多く、ある企業は組織活用や方針管理能力が高い管理者が多いなど、企業ごとの管理者の特徴も調べることができるのです。

管理者の教育は、彼らがおこなう業務の範囲が広く、またマニュアルや前例のない業務が多いため、難易度が高いと言われています。しかし、一方で、数多くの業務に優先度をつけて仕事をおこなうことや、より迅速かつ精度の高い意思決定が管理者に必要とされているのは間違いありません。

インバスケットはこれらの能力をトレーニングする道具として開発されています。

部署単位での職場訓練

従来の管理者やリーダーの選抜・教育に加え、部署内での社員教育の一環として、インバスケットを使って、部下の仕事の進め方や問題解決の教育に活用できます。従来のテキストを用いる形や上司が前に立って講義するスタイルではなく、実際に案件処理を部下におこなわせて、上司も同じ問題に取り組み、そしてフィードバックすることで、具体的に自分の仕事の進め方のどこが悪いのかを、みずから主体的に部下に学習させるのです。

このように、インバスケットを自発的に活用し、部下の教育に使われている方の多くが、ご本人がインバスケットを経験したことのある方です。実際に「これは使える」と思われて、部下の方の教育に活用していただいているのです。

この傾向は最近増えており、たとえば部長クラスの方が、インバスケットを研修で経験され、自分の部下の課長クラスの方にインバスケットを実施されるというケースがあります。そして今度はその課長クラスの方が、部下の係長クラスの方の教育に使用されるというように、インバスケットを使った教育が段階的に社内に浸透しているケースもあります。

経営者の後継者教育

弊社のクライアントの経営コンサルタント会社様や教育研修会社様などから、最近要望が急増しているのが、後継者教育です。これは次期経営者の候補を決めるための多面評価資料に活用したり、後継者候補が実際に経営者になった場合のシミュレーション的な教育にインバスケットを活用したりするものです。

経営者にとっての大きな悩みの一つが、後継者がはたして会社をうまく経営できる能力を備えているのか不安であるということです。これはどの企業の経営者も抱えている悩みではないでしょうか。

経営者の意思決定は、管理者の意思決定よりさらに高度で、その意思決定が企業の将来に直結します。一方で、ひとたび経営者になると、他人から経営の方法や意思決定についての指摘や指導を受けることが少ないのが現実です。

そのような中で次期経営者候補が実際に経営者になった場合に、どのような意思決定スタイルをとり、戦略的な思考を発揮できるか観察する道具として、インバスケットが注目されています。

また、経営幹部全員にインバスケット・トレーニングを実施している企業もあります。これは大きな経営上の障害が発生したときの模擬訓練的に用いて、間違った意思決定をおこなわないための訓練と言えます。

新卒採用や中途採用者教育

現在、インバスケットの用途はさらに広がり、若年者向けにも活用されています。たとえば就職活動のグループ討議でインバスケット的なケースを用いて、優先順位設定の基準を話し合ったり、新入社員に職場のマナーや仕事の進め方を教えるための実践型教育として使用されたりしています。

入社まもない彼らに、インバスケットを使った教育をおこなってどのような効果があるのかという疑問もあるかもしれませんが、彼らが将来目指すべき管理者やリーダーの仕事を模擬体験させることで、リーダーがどのような意思決定を必要とするのか学ぶ機会にしたり、また管理者としての考え方に早くから慣れさせるという効果もあります。

また、若いころからインバスケット的な仕事の進め方や、意思決定スタイルをつけさせることで業務の生産性向上や、早期の能力開発が可能となります。

また、弊社では活用シーンに合わせたさまざまなインバスケット教材をご用意しております。たとえば業種で言えば、本書の問題はケーキ屋さんが舞台でしたが、文具販売会社やホテルの支配人、スーパーマーケットの店長など他にも多くのケースを扱っています。

管理者をめぐる環境が変化している中、みずからもチームの一員として動きながらリーダーの役割をになうプレイングマネジャーも増えているので、そのような方に対応した計画策定型インバスケット問題もありますし、経営者向けやアルバイト向けの問題も取りそろえています。

この他、現在、高齢者向けのインバスケットや、児童向けのインバスケットなどを開発中です。すべてに共通しているのは、良い判断をするためにはどのようなスタイルをとるべきかを学んだいただくことです。

今回、本書でご紹介したインバスケットの内容や、活用方法は一例です。興味や必要に応じて、あなたなりに活用してインバスケット思考を人生に活かしていただければ幸いです。

おわりに「インバスケット思考は永遠の財産である」

私は小さいころからおっちょこちょいで、あまり深く考えず、すぐに行動するタイプの子どもだったそうです。高校も大学も、そして就職先も、本質的なことは何も考えずに決めました。ツキに恵まれ、仕事も順調でしたが、何度も失敗を繰り返し、その都度、結果を悔やんだものです。

私が昇格試験の際にインバスケットに出合い、いつのまにかインバスケットを作成する側になって気がついたのは、失敗は「良くない判断」から必然的に起こると言うことです。

よく考えると、今まで正しい判断の方法などは教わった記憶がありません。「こういうことはしてはいけない」とは教えられてきましたが、「どのように判断すればよいか」ということはほとんど教わっていないのです。

ゆえに、私たちは企業の中核や経営層という重要な立場にあるにもかかわらず、いまだに、間違った判断方法で重要事項を決定しています。そして、ときには重大な判断を誤り、ニュースで不祥事として取り上げられる事態に陥って、多くの社員を路頭に迷わせるようなことが、日常茶飯事のように起きています。

この原稿を書いているときにも、北陸の焼き肉レストランのチェーン店で加熱用の肉を生食として提供し、食中毒により数名の方が命を落とすという悲しい事件が報道されています。

真相は現時点ではわかりませんが、こういった事件の背景にはインバスケット思考的には考えられないような誤った判断がひそんでいることがほとんどです。

本書の真の目的は、多くの方に良い判断の仕方を身につける方法としてインバスケットを知っていただきたい、そして楽しんでいただきたい、ということでした。

私は、この本をただの解説書や知識本にはしたくありませんでした。そのためには、どのような本を作ればよいのか。ＷＡＶＥ出版さんと企画を練り続けた結果、この「インバスケットを実際に体験していただく本」ができあがったのです。

初めてインバスケット問題をストーリー仕立てで紹介した本ですので、読者の方は少し戸惑われたかもしれません。ストレスを感じられたかもしれません。

しかし、主人公・青山みあに降りかかった20の案件を通じて、インバスケットに挑戦していただいた体験が、あなたの今までの判断方法や考え方の棚卸しのきっかけとなり、少しでも良い判断と行動をとるための道具《ツール》となれば、とてもうれしく思います。

もしも、本書を読んで感じられたことや、本文に掲載した『実践問題』に関して「これは良い判断なのだろうか？」などと思われることがあれば、ご遠慮なくご連絡ください。

私にとって、多くの方の考え方や判断方法に接することが、この上ない喜びなのです。

最後に、本書を出版するにあたり、頭に汗をかきながら実際にインバスケット問題に取り組んでいただき、多大なるご協力をいただいたＷＡＶＥ出版の玉越直人社長、手島朋子氏をはじめ、多くの方に感謝申し上げます。

そして、最後までお読みいただいたあなたにも、深く感謝と敬意をもって御礼申し上げます。

ありがとうございました。

２０１１年５月

株式会社インバスケット研究所　代表取締役　鳥原隆志

本書で紹介している『実践問題　みあの「はじめてのインバスケット」』は、株式会社インバスケット研究所が発行・販売している『インバスケット問題集J』とほぼ同じ内容です。『インバスケット問題集J』を企業様の研修などで複数ご利用になる場合は、ホームページにてご購入いただけます。

●株式会社インバスケット研究所公式ホームページ
http://www.inbasket.co.jp/

●個人向けインバスケット情報サイト「インバス！」
http://www.eonet.ne.jp/~in-basket/

鳥原隆志（とりはら・たかし）
株式会社インバスケット研究所　代表取締役
インバスケット・コンサルタント
1972年生まれ。大手流通業にて精肉や家具、ワインなどさまざまな販売部門を経験し、スーパーバイザー（店舗指導員）として店舗指導や問題解決業務に従事する。昇進試験時にインバスケットに出合い、研究とトレーニングを開始する。その経験と問題解決スキルを活かし、株式会社インバスケット研究所を設立。これまでに作成したインバスケット問題はゆうに腰の高さを超える。法人向けのインバスケット教材開発と導入をサポートする、日本で唯一のインバスケット・コンサルタントとして活動中。個人向けにもカウンセリングサービスをおこなっている。

株式会社インバスケット研究所公式ホームページ
http://www.inbasket.co.jp/

個人向けインバスケット情報サイト「インバス!」
http://www.in-basket.jp/

インバスケットメールマガジン
http://www.mag2.com/m/0000277810.html

〒599-8237
大阪府堺市中区深井沢町3152　KU深井オフィスビル4階
株式会社インバスケット研究所
TEL:072-242-8950 ／ E-mail:info@inbasket.co.jp

究極の判断力を身につける
インバスケット思考

2011年 6 月 8 日 第1版第 1 刷発行
2024年10月29日　　　第22刷発行

［著　者］ 鳥原隆志
［発行所］ WAVE出版
〒102-0074　東京都千代田区九段南 3-9-12
TEL　03-3261-3713　FAX 03-3261-3823
振替 00100-7-366376
E-mail：info@wave-publishers.co.jp
http://www.wave-publishers.co.jp

［印刷・製本］ 萩原印刷

NDC336　303P　19cm　ISBN978-4-87290-524-3